LES

VIERGES MARTYRES.

IMPRIMERIES DE PECQUEREAU ET Cie,
23, RUE DE LA HARPE.

LES VIERGES MARTYRES

PAR

ALPHONSE ESQUIROS.

PARIS

P. DELAVIGNE, ÉDITEUR,

22, RUE DES GRANDS-AUGUSTINS.

1842

Sainte-Pélagie, 12 novembre 1841.

Les Vierges martyres, *les Vierges folles* et *les Vierges sages* formeront une série de trois petits volumes : nous y suivons la femme dans les trois états de sa destinée moderne; le prolétariat, la prostitution et le mariage.

Par *Vierges martyres*, nous entendons cette classe de femmes, victimes de la misère et du travail, pour lesquelles l'absence de toute propriété constitue un supplice éternel, renouvelé chaque jour et chaque jour, hélas! plus affreux.

Dans plusieurs cas, cette misère, inhérente à la femme prolétaire, lui impose même certaines dégradations contre lesquelles la nature se révolte, mais que la société ignore ou regarde jusqu'ici avec indifférence.

Nous avons essayé de lever le voile sur l'état douloureux et immoral des femmes dans les classes pauvres. Puisse ce tableau émouvoir la pitié rebelle de nos hommes du jour et les engager à chercher un remède à des maux dont les ravages menacent la société toute entière!

Le sujet traité dans ce petit livre est plus grave qu'il ne semble peut-être au premier coup d'œil. Il s'agit d'une grande moitié du peuple, et de la moitié la plus intéressante, selon nous, puisque celle-ci du moins unit la faiblesse à la souffrance.

Ces pages ont été écrites en prison, dans la solitude et le calme du cœur. Nous avertissons d'avance que les verroux n'ont rien rien changé à nos convictions; mais la réflexion, le silence et les entretiens avec quelques amis, nous ont fait découvrir aux choses du monde certaines perspectives que nous croyons vraies.

« Si vous avez la vérité pour vous, nous diront nos ennemis, pourquoi donc êtes-vous en prison? » — Si tu es le fils de Dieu, disaient les Juifs de Jérusalem, en passant devant le Christ, avec des rires et des hochements de tête, descends donc de la croix!

DE LA CONDITION DE LA FEMME DANS NOTRE SOCIÉTÉ.

Quoique l'égalite soit écrite en principe dans la Chartre, nous vivons manifestement sous le régime de l'inégalité ; ni les mêmes droits politiques, ni les mêmes avantages ne sont communs à tous ; mais c'est surtout dans le contraste de l'homme et de la femme que cette différence éclate.

Nous ne sommes pas, disons-le tout de suite, de ceux qui réclament maintenant pour la femme une position semblable à celle de l'homme dans la société ; nous soutenons que son éducation présente s'y oppose ; nous croyons même qu'il y a entre l'homme et la femme des différences naturelles et organiques que celle-ci ne pourra jamais franchir. Mais tout en reconnaissant ce que la confusion des sexes pourrait avoir de funeste, nous n'admettons pas non plus que la femme doive être nécessairement vassale.

Il est pourtant vrai de dire qu'en général la condition actuelle de la femme vis-à-vis de l'homme est l'esclavage, ou tout au moins le servage fort peu modifié. Ceci n'est pourtant pas vrai de toutes les classes. Aussi bien éprouvons-nous le besoin d'une division fort tranchée.

L'inégalité que nous avons dit être en pratique la loi des sociétés modernes règne d'une manière bien plus exorbitante parmi les femmes que parmi les hommes. Cette remarque n'a jamais été faite, que nous sachions : elle nous semble pourtant bien évidente. Les femmes du monde, riches, jeunes, bien élevées, trouvent dans les agréments de leur personne et surtout dans la galanterie française, si délicate sur ce point, des armes contre la faiblesse de leur sexe. Souvent même cette faiblesse devient pour elles une source de domination. Il n'est pas rare en effet de voir dans le monde des affaires importantes conduites par des femmes et amenées par elles au succès, dans des circonstances difficiles où les hommes les plus influents auraient échoué. Quoique la loi traite généralement les femmes en marâtres en leur enlevant la gestion de leurs biens et en les condamnant plus sévèrement que l'homme dans le cas d'adultère, plusieurs trouvent encore dans les ressources de leur nature et dans la puissance de l'opinion, si favorable en France au *beau sexe*, les moyens de s'élever pour le moins à notre niveau. Le sort de la femme *comme il faut* est donc, si nous le considérons avec impartialité, à peu près égal à celui de l'homme, quoique l'homme ait fait pour mettre la femme au dessous de lui. Le joli mot de Beaumarchais que la femme est *traitée en mineure pour ses biens, en majeure pour ses fautes*, vrai devant la loi civile ne l'est plus autant, devant les usages du monde. Elle a reçu de la nature et de l'éducation, dans bien des cas, le secret de se faire pardonner ces fautes si cruellement punies, ou, le plus souvent encore, celui de les dissimuler. Quant à ses biens, si elle n'en a pas la libre jouissance, ce qui serait fréquemment pour elle une cause de ruine, elle a du moins l'art d'obtenir de l'homme tous les objets de sa fantaisie, et cet art se trouve bien rarement en défaut. On peut donc dire, sans vouloir pour cela éterniser un ordre de choses, blâmable et défectueux à plusieurs égards, que l'état actuel de la femme du monde, quoique subordonnée à l'homme, lui laisse une voie secrète de liberté, souvent même de préséance.

Chez la femme du peuple, rien de semblable. — Elle ne trouve ni en elle-même, ni dans l'opinion des hommes plus ou moins grossiers qui l'entourent, ces armes morales qui, entre les mains des femmes du monde, résistent si bien à la force physique de notre sexe. La lutte étant placée cette fois sur un terrain tout positif, elle ne peut manquer d'y avoir le désavantage. Sans éducation, sans aucun de ces artifices qui font si bien valoir la beauté naturelle en lui prêtant un charme pénétrant et durable, elle n'attire à elle que des passions brutales et des appetits bientôt satisfaits. Nous n'entendons pas dire que toutes les filles du peuple soient dépourvues des moyens de plaire; il y a des exceptions nombreuses; mais en général le manque de convenances et d'instruction est, grace au mauvais état des choses, l'apanage des classes ouvrières. Livrée à des exercices du corps qui la déforment ou à une besogne d'aiguille qui la fait sécher d'ennui, la femme prolétaire perd rapidement ces fleurs de beauté, qui, à défaut d'esprit, auraient pu lui donner une position heureuse. Les lois et les charges qui pèsent sur elle sont les mêmes que pour la femme aristocratique, — à la misère près, — mais de plus encore elle ne trouve ni dans sa personne ni dans son éducation le secret de les décliner. Nous disons donc que le sort de la femme qui travaille est, comparativement à celui des *grandes dames* oisives, dans une proportion beaucoup plus inégale que la condition des hommes entre eux.

C'est ici surtout que nous voyons l'inégalité des sexes se prononcer d'une manière frappante. L'ouvrier gagne, terme moyen, trois francs par jour; l'ouvrière gagne, en général, un franc. La journée de la femme est donc d'un tiers moins rétribuée que celle de l'homme. On objecte à cela que ses moyens sont moins productifs et ses besoins moins grands. Sans doute la femme produit et consomme moins que l'homme; mais nous ne croyons pas que cette différence soit dans la proportion d'un tiers, et ensuite sa nature plus délicate exige certaines douceurs de la vie auxquelles l'exiguité de son gain refuse absolument de satisfaire.

Les femmes, et surtout un certain ordre de femmes que nous avons ici spécialement en vue, mettent le superflu beaucoup au dessus du nécessaire; les unes manquent quelquefois de chemises et de bas, mais elles ont presque toujours un bonnet de mousseline avec des fleurs; d'autres se privent volontiers de pain; mais il faut qu'elles mangent de temps en temps des gâteaux. Ceci est dans leur nature; tous les raisonnements du monde ne les en corrigeraient pas. Ces goûts qui chez les jeunes filles riches en sont quittes pour tourner en coquetterie ou en gourmandise, deviennent, quand les moyens de satisfaction manquent, un sujet perpétuel de souffrance et de tentation qui les prédispose souvent à une chute.

Mais c'est dans les cas de gêne et de chômage que la femme prolétaire a un énorme désavantage vis-à-vis de l'homme. Celui-ci, sans avoir d'argent, trouve provisoirement à se loger, à se vêtir, et quelquefois même à se nourrir. La femme ne rencontre nulle part rien de semblable. Le propriétaire lui refuse la chambre ou la mansarde sous les toits, si elle n'en acquitte d'avance le loyer; le magasin de nouveautés veut être payé sur l'heure de la robe d'indienne, et le boulanger n'entend pas raillerie sur la taille. Cette différence vient de ce que le travail à venir de l'homme, être fort et productif, est une sorte de valeur qui s'escompte au besoin, tandis que celui de la femme, être faible et mal payé, n'inspire aucune confiance. C'est un papier qui n'a pas cours.

Il existe d'ailleurs une loi qui régit dans le monde les crédits, loi singulière qui tourne comme toujours au détriment du pauvre, et en vertu de laquelle le luxe est bien plus favorisé que le besoin. Un jeune homme de bonnes manières peut en effet se meubler à Paris, se vêtir et prendre son café sans donner d'argent, mais il lui est difficile de dîner. Le crédit s'applique plutôt à l'habillement qu'à la nourriture, plutôt au superflu qu'à l'habillement. Encore y a-t-il dans les objets les plus exposés au crédit une échelle infiniment graduée qui va toujours s'éloignant du nécessaire. Il est plus aisé de devoir à son tailleur un habit qu'une veste; on obtient plus vite à crédit des bottes que des souliers, et l'on dîne plutôt à vingt francs par tête sans payer comptant qu'à quatorze sous. Le pauvre est le seul qui soit forcé d'avoir de l'argent.

Il est donc naturel que, dans la division des sexes, la femme qui aurait le plus souvent besoin de crédit soit précisement celle qui en trouve le moins. Au reste, la même loi qui régit les intérêts de l'homme si contrairement à la justice et à la charité domine ceux de la femme dans la même mesure. Elle trouve plutôt à crédit un chapeau à plumes qu'un bonnet, plutôt un cachemire qu'un fichu, plutôt une robe de velour qu'une blouse en cotonnade. Mais pour inspirer quelque confiance aux fournisseurs, il faut bien qu'elle se garde d'être vertueuse : autrement ils l'estimeraient peut-être, mais à coup sûr ils ne lui feraient aucune avance.

La bonne conduite est, pour la femme dans la société actuelle, le plus grand obstacle à se tirer d'embarras. Si en effet propriétaires et fournisseurs se décident quelquefois à risquer leur loyer et leur marchandise vis-à-vis d'une actrice, d'une musicienne ou d'une jeune fille à la mode, c'est qu'ils espèrent toujours en un entreteneur. On place ainsi volontiers son argent à intérêt sur la mauvaise réputation des femmes, mais rarement sur la bonne.

La vertu n'a donc pour elles d'autre prime d'encouragement, dans le cas de misère, que la méfiance et la suspicion qu'elle traîne généralement à sa suite. Comment de jeunes filles pauvres et attrayantes passeront-elles maintenant sans faillir ces jours de crise où le travail manque, où la séduction rôde autour d'elles avec des promesses et des avances! Quel danger ne court point en pareils cas leur innocence, si dénuée de ressources et si habilement attaquée! Les tentations du vice se multiplient en effet et se présentent sous des images d'autant plus entraînantes, que la femme est plus affaiblie par le besoin. Son esprit inquiet, malade, atterré, cède par désespoir dans de telles occasions à des rencontres funestes qui sauvent son état, son mobilier et sa vie même, en perdant son ame. Les malheureuses empruntent alors a Satan le denier nécessaire pour conserver leur existence chétive.

On ne nous accusera point ici d'exagérer en rien le tableau que nous traçons de la position sociale de la femme. Nous prenons au contraire grand soin de tenir notre plume fort craintive et fort réservée dans un sujet où l'on pourrait accuser notre jugement de prévention. Mais ce jugement sur la condition mauvaise de la femme dans la société actuelle n'est malheureusement pas le nôtre : c'est celui de tous les économistes, même les plus sordidement voués par état au maintien du de nos institutions. « Le sort de la femme libre, dans la classe pauvre, dit M. Fregier, chef de bureau à la préfecture de la Seine, est précaire, humiliant et misérable. » De ce témoignage qui n'a d'autre valeur que la position administrative de l'écrivain, rapprochons le sentiment d'un jeune publiciste fort distingué. Voici ses propres termes : « Le fait le plus remarquable et le plus triste en même temps qui ressorte de ce tableau, c'est le nombre disproportionné des femmes indigentes comparé à celui des hommes. Il est presque généralement une fois plus élevé. Dans notre société, la femme a beaucoup plus de peine à vivre que l'homme, bien qu'elle ait moins de besoins et des habitudes généralement plus sobres. Nous ne voulons point faire de déclamation sentimentale, mais un tel résultat n'est-il pas déplorable? La condition de la femme pauvre, de la femme ouvrière est affreuse. Son travail, moins assuré que celui de l'homme, est aussi moins rétribué. Elle n'est pas moins habile, elle est plus faible. Seule, il lui est presque impossible de subvenir à ses besoins; il faut que l'homme s'associe à elle, et lui accorde sur ses salaires un supplément indispensable. Quand elle est jeune, elle ne manque guère d'appui; si un mariage légitime ne l'unit pas à un époux, le vice se charge toujours de lui payer une subvention d'autant plus large qu'elle est plus honteuse. Plus tard, quand sa jeunesse est passée, elle reste seule à porter sa misière, et le poids est trop lourd pour ses forces. Le 12me arrondissement, porté au tableau pour un total de 11,357 indigents, compte sur ce nombre 4,643 femmes adultes! Le tableau lui-même prouve que ce fait a sa cause dans la condition économique de la femme; car la disproportion entre les indigents des deux sexes est beaucoup plus faible parmi les enfants que parmi les adultes. Les petites filles indigentes sont aux garçons comme 20 est à 19, tandis que les femmes adultes indigentes sont aux hommes comme 46 est à 27. » (*De la misère des classes laborieuses*, par Buret, t. I, page 268).

J'avais douté que la misère des jeunes filles du peuple allât jusqu'à vendre leurs cheveux par besoin; mais le hasard m'a confirmé ce fait d'une manière certaine. Au moment où j'entrais chez un coiffeur, je vis sortir une enfant de seize ans qui détournait la tête comme pour pleurer. Je la suivis. Après quelques détours de rues, elle entra dans une allée sombre et humide où je la perdis entièrement de vue. ReveLu chez le coiffeur, je trouvai sur le comptoir deux épaisses touffes de cheveux blonds. Comme j'en témoignais mon étonnement, l'homme me dit : « C'est de la très belle *marchandise!* Je viens de les acheter six francs; une bonne affaire! » Et, en parlant ainsi, il chiffonnait sous ses doigts les cheveux doux et souples, qui se tordaient en replis abondants. Quand il eut bien contemplé son *acquisition*, qu'il en eut reconnu de nouveau la valeur par le toucher, il l'enferma et l'exposa avec orgueil dans une montre. Je ne pus m'empêcher de frémir en songeant que ces cheveux étalés sous verre dans cette boutique étaient peut-être pour cette jeune fille le dernier sacrifice de la pudeur sur les autels de la faim.

On voit que la misère de la femme du peuple n'est malheureusement pas un rêve, puisqu'elle va quelquefois jusqu'à la dépouiller, pour vivre, des attraits les plus délicats de son sexe. Anciennement, les Gauloises entretenaient de leurs belles chevelures la tête des femmes romaines : c'était un tribut prélévé par la nation victorieuse sur la nation soumise. Nous vivons manifestement sous le même ordre de choses : les classes pauvres, qui sont les classes vaincues, fournissent de nos jours leurs cheveux aux femmes des classes riches et oisives, qui sont les classes conquérantes. La civilisation continue de vivre sur les suites d'une guerre sociale dont nous expliquerons ailleurs l'origine.

Les femmes constituent la portion la plus malheureuse et la plus maltraitée de cette classe vaincue. « Nous avons vu dans l'étude de la misère parisienne, dit encore M. Buret, que la proportion des femmes indigentes dépasse de beaucoup celle des hommes. La femme est, industriellement parlant, un travailleur imparfait. Si l'homme n'ajoute pas son gain au salaire insuffisant de sa compagne, le sexe seul constituera pour elle une cause de misère *. » L'isolement étant, comme on le voit, la source du déplorable état des femmes, il est naturel qu'elles cherchent à détruire cette *cause de misère* en contractant des liaisons qui les affermissent et les fortifient contre le besoin. La plupart de ces malheureuses sont forcées, pour vivre, de se rattacher à un homme.

Sans doute il serait à désirer que ces attache-

* T. II, p. 243.

ments revêtissent toujours une forme stable et régulière. Mais, hélas! l'état de dénûment où se trouvent ces femmes, quand il s'agit de constituer l'union des sexes, est lui-même un obstacle au mariage; « la cause véritable et déterminante de la propagation du concubinage, dans les classes ouvrières, c'est le défaut d'argent, soit pour se procurer les pièces exigées par l'autorité, de chaque couple ayant l'intention de se marier, soit pour payer les frais de célébration de mariage civil et religieux, soit enfin pour se vêtir convenablement et *faire la noce* *. » On voit donc que, pour beaucoup d'entre celles qui vivent avec des hommes en dehors du sacrement et des formes légales, ce désordre a été, dès le commencement, la suite de circonstances fatales et nécessaires. Il est bien rare qu'on revienne plus tard sur la tache originelle de telles liaisons, et qu'on cherche à l'effacer par un mariage rétrospectif. L'habitude, la licence, et le plus souvent encore l'affaiblissement des passions, s'entendent pour éterniser des liens immoraux. Les observateurs de

* *Des classes dangereuses*, par Frégier, t. II, p. 156.

ces sortes de faits dans la classe pauvre donnent encore à la durée du concubinage, après quelques années de vie commune et mutuelle, une autre cause décisive : c'est le dégoût qu'une famille naissante cause à l'homme pour les obligations du mariage. N'entendons-nous pas dire chaque jour aux ouvriers mariés, dont le seul travail suffit aux charges du ménage et à l'éducation des enfants : *Oh ! si c'était à refaire, je ne m'établirais pas !*

Il y aurait de la barbarie à ranger officiellement dans la classe des filles de mauvaise vie celles qui, ouvrières ou autres, s'attachent à un homme par amour. Leur union, quoique irrégulière et réprouvée par le monde, s'absout à nos yeux en considération des luttes, des sacrifices, des services mutuels et dévoués qu'entraînent maintenant ces sortes de liaisons. Deux ames qui souffrent ensemble, et deux cœurs qui s'aiment, forment un couple pur et touchant, qui n'a pas besoin de la main des hommes pour être béni de Dieu.

Ce n'est pas toutefois que nous approuvions ces liaisons naturelles ; le mariage civil et même religieux leur ajouterait une sanction qui ne leur nuirait pas, au contraire ; mais nous avouons préférer la femme qui garde les devoirs du mariage sans en avoir contracté les liens à celle qui en a formé les liens et qui en viole les devoirs. Or, si les femmes du monde sont justes, elles avoueront, la main sur la conscience, qu'entre elles et ces pauvres filles si méprisées, qui vivent avec un amant, il n'y a guère souvent que la différence du parjure.

C'est parce que nous nous faisons du mariage une idée sainte et auguste que nous excusons ceux ou celles qui s'en éloignent dans la crainte de le profaner. Il en est du mariage comme des sacrements auxquels on n'est point tenu de participer, surtout lorsque la foi manque, mais dont on est toujours coupable et criminel de s'approcher avec des dispositions mauvaises.

Le mariage exige ensuite des convenances d'âge et de fortune qui ne se rencontrent pas toujours avec les goûts du cœur. Or, tant que la société ne sera point organisée de manière, sinon à servir, au moins à ne point contrarier la nature, il sera très difficile d'imposer à toutes les femmes, sous peine d'infamie, une institution bonne et salutaire en elle-même, mais qui rencontre souvent dans l'ordre matériel des obstacles invincibles.

Plusieurs des jeunes filles qui vivent avec un amant ont renoncé au mariage par des causes indépendantes de leur volonté, et quelques unes par dévoûment; d'autres cherchent dans les liaisons irrégulières sans doute, mais sages et honnêtes du reste, une consolation aux maux d'une vie laborieuse et stérile.

Ma jeune belle au bras je marchais dans la rue;
Nous suivions le trottoir, lorsque la foule accrue,
Gonflant autour de nous son flot avec orgueil,
Nous arrêta devant une famille en deuil :
— La mère avec la fille, — une adorable brune;
Elle avait le front blanc comme l'arc de la lune.
Quand je l'examinais, de sa beauté surpris,
Elle laissa tomber un regard de mépris
Sur la femme amoureuse à mon bras attachée,
Colombe aux flancs meurtris et pauvre fleur tachée,
Madeleine à genoux aux pieds de son seigneur,
Et qui, selon le monde, aurait perdu l'honneur.
Moi je suivais le pli que fit la belle bouche
De cette dédaigneuse à la vertu farouche,
Et quand nous fûmes loin je rêvai gravement
Aux femmes qu'on proscrit pour avoir un amant.
— A quoi bon ce mépris, ma jeune puritaine?
Vous êtes riche : on voit sous la bure incertaine,
Sous votre deuil percer le luxe intérieur,
Et sous le masque pâle un visage rieur;
Paris n'a pas de gaze ou de blonde assez fine
Pour toucher votre peau blanche comme l'hermine;

Votre front radieux ne marque que printemps;
Les lis sur votre joue ont neigé vos vingt ans;
Vous attendez en paix, fille, qu'on vous marie;
La coupe de l'enfance est à peine tarie
Que déjà vous prenez votre place au festin,
Que vous goûtez aux mets les meilleurs du destin:
Vous avez tant de jeux, de voluptés permises
Que, pour charmer vos jours et vos nuits insoumises,
Vous n'avez pas besoin, sur un chemin fatal,
De fouiller plus avant et de descendre au mal.
Mais elle! quel destin et quelle solitude!
En son cœur quel démon de vague inquiétude!
Sa bouche, encore enfant, mordit aux fruits amers,
Et sa main a cherché la perle au fond des mers!
Elle est très belle aussi: mais le vent, chaque année,
Fait tomber une fleur de sa tête fanée;
Elle a vieilli par l'âge, hélas! et par l'affront;
Les chagrins ont marqué des rides sur son front;
Le pain manqua souvent à sa jeunesse avide;
Le dur travail ne mit qu'ombre dans sa main vide;
Elle doute du bien et ne croit point au ciel;
La coupe des plaisirs aux bords frottés de miel
Jamais ne s'approcha de ses lèvres rieuses,
Et la lampe éclaira ses nuits laborieuses.
Ne vous étonnez pas, ayant autant souffert,
Qu'elle ait pris le premier bonheur qui s'est offert;
Ne vous étonnez pas si, parmi les ruines,
La main ensanglantée aux touffes des épines,
Sur le chemin aride, en se penchant un jour,
Comme une fleur des champs elle a cueilli l'amour!

On dresse pourtant les jeunes personnes du monde à ce mépris vulgaire qu'on croit être le gardien des bonnes mœurs. Nous ne blâmons pas le motif, mais nous blâmons le sentiment en lui-même ; la vraie vertu ne méprise jamais : elle plaint. Quand elle est sage et éclairée, elle cherche de plus à surprendre dans les institutions, les évènements et les hommes, la cause du désordre qu'elle a sous les yeux, car elle sait que, de la part des femmes surtout, le mal souvent ne se fait pas, il se subit.

Je juge tout de suite du caractère d'un inconnu par la manière dont il traite les femmes et les femmes dites de mauvaise vie en particulier. Quand je vois un jeune homme qui parle d'elles avec une sorte de compassion grave et un respect mélancolique, je le tiens pour une bonne et intelligente nature ; quand, au contraire, je rencontre des gens qui affectent de les désigner par des noms injurieux ; qui mettent une sorte d'amour propre et comme un point d'honneur mal entendu à les insulter publiquement ; qui affichent en passant devant elles un dédain provoquant et amer, je soupçonne tout de suite des caractères mal faits et des têtes étroites qui veulent se donner par le mépris des autres une certaine importance. Si je ne conçois pas d'eux une opinion absolument mauvaise, car je sais qu'ils obéissent souvent à un entraînement aveugle, j'accuse du moins ce manque de jugement et de bienveillance qui les asservit sous un préjugé funeste. Le moment est venu de nous déshabituer du mépris. Laissons aux âges barbares cette flétrissure inutile et surannée. L'ironie, l'insulte, le sarcasme, les regards dédaigneux et implacables, les paroles abjectes que nous jetons sur ces malheureuses, bien loin de les moraliser et de les faire rentrer en elles-mêmes, les rendent au contraire éternellement stériles pour le bien; ces affronts âcres et mordants produisent sur ces femmes l'effet du sel qu'on jetait autrefois sur les terrains condamnés, et qui empêchait toute bonne herbe d'y croître.

Le concubinage n'en est pas moins un grand mal, en ce qu'il dispose les femmes à une pratique plus libre et plus étendue de la débauche. C'est le premier degré de cette échelle fatale qui commence un peu au dessous du mariage et qui finit à la prostitution.

DE L'ÉTAT MORAL DES FEMMES DANS LES CLASSES LABORIEUSES.

Les ouvrières. — Les filles de boutique. — Les filles de maison. — Les filles de théâtre. — Les musiciennes ambulantes. — Les saltimbanques. — Les modèles.

La société se divise, pour les femmes comme pour les hommes, en deux grandes classes : les oisives et les travailleuses.

Parmi ces dernières nous rangeons toutes celles qui pourvoient à leur existence par une industrie quelconque; or les plus nombreuses et les plus en évidence dans cet ordre de femmes sont sans contredit les ouvrières.

Les ouvrières considérées en masse offrent à Paris deux divisions bien marquées : celles qui sont attachées à des maisons particulières, des boutiques ou des ateliers, et celles qui s'emploient dans les filatures ou les fabriques.

Les travaux auxquels se livrent les ouvrières de la première catégorie nous présentent la plus grande variété. Les unes font éclore sous leurs doigts de frais bouquets artificiels, ce sont les fleuristes; d'autres colorient au pinceau les gravures étalées chez les marchands, ce sont les enlumineuses; un grand nombre conduit l'aiguille dans la batiste découpée avec art, ce sont les lingères; plusieurs soufflent en quelque sorte sous leurs petites mains adroites et légères de frêles chapeaux de paille ou de satin, ce sont les modistes; on en voit qui repassent au fer tiède les linges soigneusement trempés et purifiés à l'eau, ce sont les blanchisseuses; il y en a qui sèment avec de la soie des bouquets précieux sur des voiles de mousseline ou des châles de laine; rien n'égale le goût et le talent de quelques unes : leur aiguille est un véritable pinceau et la soie en écheveaux de mille couleurs, étendue pêle-mêle sur leur métier, est comme une palette éclatante où elles choisissent les tons qui conviennent à leur fantaisie, ce sont les brodeuses. Ajoutons à tous ces travaux mille autres tâches journalières dont vivent ici les jeunes filles, et nous concevrons quelle large place les ouvrières tiennent dans notre société.

Parmi ces ouvrières, quelques unes travaillent seulement pour leur entretien; la maison paternelle leur fournissant la nourriture et le couvert, elles ne demandent à l'aiguille que les moyens de satisfaire leur coquetterie. Le gain de la semaine leur représente des agréments d'amour propre, comme une fleur de plus à leur chapeau, des gants frais et une robe neuve. Le travail n'est pour elles qu'un délassement à l'oisiveté. Ces jeunes filles se trouvant dans des circonstances faciles et heureuses pour résister au mal, nous n'avons point à nous en préoccuper. Si elles tombent, la faute en est à leur nature molle ou passionnée ; elle ne sauraient du moins en accuser une condition sociale, où le labeur lui-même s'offre à elles soulagé des durs besoins de la vie.

D'autres, au contraire, sont obligées de tirer de leurs doigts le pain de chaque jour, le feu pendant l'hiver, le toit pour s'abriter et la robe pour se couvrir. Celles-là vivent sous la menace perpétuelle du besoin. Une voix leur crie, quand elles s'éveillent au matin, toutes lasses et tout engourdies encore des œuvres de la veille : Travaille, ou tu ne mangeras pas! — Le labeur ou la faim, voilà le choix terrible que leur laisse la nécessité. Et quel travail, grand Dieu !

Elles passent souvent plusieurs nuits de suite à des tâches ingrates et abrutissantes qui les épuisent au moral comme au physique; aucune distraction de lecture ou de promenade ne renouvelle leurs forces abattues. Il n'y a pour ces malheureuses ni ciel, ni nature, ni douce oisiveté du dimanche; sans cesse la tête penchée sur leur ouvrage, elles poussent une aiguille éternelle qui ne s'endort pas plus sous leurs doigts toujours en action que l'aiguille mobile de l'horloge sous le doigt du Temps.

Le peu d'attrait qu'offre à l'ouvrière ce travail forcé, exténuant, malsain et souvent au dessus de ses moyens, est une des causes de l'inertie et de la nonchalance où la malheureuse tombe pour ne se réveiller qu'entre les bras du vice.

Le travail, qui avait été d'abord imposé à l'homme et à la femme comme une fonction normale de leurs facultés toujours actives, est devenu, sous la main des entrepreneurs, une tâche servile à laquelle on attelle le prolétaire mâle ou femelle comme le bœuf à la charrue. Les ateliers de femmes sont pleins de sujets que leurs facultés innées appelleraient à d'autres travaux que ceux de la couture, mais qui, sous notre régime actuel, ne sont, aux yeux de leurs maîtresses, que des aiguilles vivantes dont on tire le plus d'ouvrage possible et à moins de frais possible. Ces malheureuses font leur tâche pour vivre, sans goût, sans amour, la rage au cœur : qu'y a-t-il maintenant d'étonnant à ce qu'elles cherchent dans certains plaisirs des sens une distraction à leurs maux?

Encore si ce travail pénible, fatal, éternel, imposé par le besoin, travail sans relâche, sans attrait comme sans variété, rapportait à ses victimes un gain convenable! Mais tout le monde sait que le salaire attaché aux ouvrages de femmes, même les plus charmants et les plus utiles, est presque insuffisant. Elles travaillent sans aucuns des éléments de bien-être et d'émulation qui excitent les forces humaines. Leur toilette les fait rougir par sa simplicité; le loyer de leur petite chambre est en souffrance et le propriétaire menace. Quelques unes travaillent et jeûnent. Presque toutes souffrent de besoins sans nombre que leur ardeur à l'ouvrage ne sauraient jamais éteindre ni satisfaire. Ce qu'il y a de souffrances inconnues, de dures privations, de soupirs amers, sous ces toits délaissés, à ces petites fenêtres mornes où veille moitié de la nuit, une chandelle allumée, ne peut se raconter; il faut voir ces yeux éteints et rougis par le travail, ces petits doigts tout rudes et tout picotés par la tête de l'aiguille, ces joues amaigries, ces teints d'une pâleur maladive, ces lèvres gercées, ces figures atteintes dans toute la fraîcheur de leur printemps par les signes avant-coureurs de l'automne, pour se faire une juste idée du sort des ouvrières dans notre enfer industriel.

Elles ont toutes des métiers, direz-vous. — Mais qu'est-ce qu'un métier de femme? Ce travail de chaque jour leur apporte péniblement de quoi ne pas mourir de faim; on sait que le labeur de la femme, inféodé à des maîtres de fabrique ou de magasins est radicalement esclave. Tous les objets de toilette vendus à grand prix dans les riches magasins des rues Vivienne ou Saint-Honoré ont été confectionnés presque pour rien par des femmes soumises à la nécessité. Ces malheureuses, dans les temps de crise, aux approches du terme de leur loyer ou de la saison d'hiver, vendent leurs forces et leurs meubles au dessous du cours : leurs forces à l'atelier, et leurs meubles à l'hôtel Bullion.

Heureux encore quand les priviléges des maîtres s'arrêtent là, et ne tournent point en véritable droit de jambage acquis par le vol sur la misère ! « On assure qu'à Lyon, dit M. Buret, les commis des fabricants, qui sont les intermédiaires des commandes, les dispensateurs d'ouvrage, auraient imposé plus d'une fois des conditions déshonorantes pour prix du travail qu'ils accordaient, dans des moments où il y en avait très peu, à des femmes, à des filles d'ouvriers, ou bien s'en seraient vantés avec imprudence *. »

Si du moins l'ouvrière traitait directement avec le marchand. Mais il y a le plus souvent entre elle et lui toute une série intermédiaire d'exploitants ou d'exploiteuses qui profitent de leurs avances de fonds pour prélever un bénéfice sur son ouvrage. Il en résulte alors que la main où reste en dernier lieu la rétribution la plus faible est précisement celle qui a sué à produire. L'argent est dans notre société un capital bien plus actif et bien plus fructueux que le travail.

Ajoutez encore une autre cause à la dégra-

* Buret, t. II, p. 193.

dation croissante qui se fait sentir d'année en année sur le gain des ouvrières. Tous les commerces de femmes sont en proie à ces *revendeuses* qu'un auteur moderne nomme avec raison les parasytes du petit négoce, et dont l'industrie devient pour les travailleuses une nouvelle source de misère, en faisant baisser le prix de la fabrication.

On voit donc quelles chances dures et pénibles les ouvrières ont à combattre pour se maintenir; mais ce sacrifice de tous les plaisirs de la jeunesse, ce labeur forcé, brutal, infertile, continuel, rapporte-t-il du moins en honneur et en considération dans le monde ce qu'il coûte à l'ouvrière? Non, vraiment. La société est ainsi faite; ceux qu'elle estime le moins sont précisement ceux qui lui rendent le plus de services. On en est même venu à rougir du travail. Une jeune fille qu'on rencontre par hasard dans le monde met un faux amour propre à répondre, si on l'interroge sur son métier, qu'elle n'en a pas, qu'elle *ne fait rien*. L'oisiveté est devenue une aristocratie, quand elle devrait être un sujet de honte.

Dans un pareil état de choses que deviendra la fille du peuple, jeune et jolie, entourée de toutes les séductions d'une grande ville? — Il y en a qui résistent, direz-vous; sans doute, mais c'est de leur part un véritable héroïsme; souvent même cette résistance demande tant d'efforts sur elles-mêmes, que certaines y laissent courageusement leur vie. Elles n'ont guère eu à choisir qu'entre la couche du vice ou le lit de pierre de la Morgue.

Mais l'héroïsme annonce une force d'ame peu commune qu'on ne saurait exiger de toutes les natures; la plupart des filles du peuple sont d'une vertu ordinaire, et la plupart succombent. Voilà l'état des choses, voilà le mal.

Ceux qui, par des raisons faciles à deviner, prétendraient nier l'influence du milieu social, et surtout l'influence de la misère sur le mauvais état des mœurs, iraient contre l'expérience et même contre les aveux du gouvernement. Un rapport de police constate qu'en l'hiver de 1830, le travail ayant manqué dans les ateliers de femmes à la suite des commotions imprimées au commerce par les grandes luttes politiques, le nombre des filles débauchées s'accrut dans une proportion démesurée. Dans les années suivantes, les causes qui provoquaient ce désordre ayant cessé, l'excès du mal cessa également, et le libertinage rentra peu à peu dans son état normal.

L'influence du milieu social sur nos fautes et nos égarements est un fait que les tribunaux eux-mêmes arrivent de nos jours à consacrer par l'admission des *circonstances atténuantes* : ils reconnaissent que l'homme et la femme peuvent être placés dans un ordre de choses tel, que, l'occasion aidant, ils violent presque innocemment la loi; ils admettent en outre, chose inouie jusqu'alors, que la volonté humaine, malgré son libre arbitre, puisse se laisser influencer par les causes physiques qui l'environnent. Un homme prend un pain dans la hotte d'un boulanger : c'est un voleur; oui, mais cet homme n'a pas mangé depuis trois jours : circonstance atténuante! Une fille se livre à un homme : c'est une débauchée; oui, mais elle est tombée dans le mal par suite du manque de travail ou d'éducation : circonstance atténuante! Or, qu'est-ce à dire, sinon que la société, dans certains cas, est complice des fautes que commettent ses enfants.

Si nous ramenons maintenant ces réflexions aux ouvrières, nous verrons que, pour la plupart d'entre elles, les circonstances environnantes sont mauvaises conseillères. Au lieu de les exciter au bien par l'éducation et par l'aisance de la vie, elles les poussent au contraire, par l'abrutissement et par la misère, à chercher un secours dans la protection des hommes. La société ne leur offrant le travail que sous sa forme la plus rebutante, les expose aux tentations de l'oisiveté facile et coupable. Nous ne devons donc pas nous étonner si la classe des ouvrières fournit à la débauche secrète le plus fort contingent. Nous n'entendons pas pour cela ni réhabiliter ni excuser même celles qui s'y livrent; mais nous accusons en même temps de leurs fautes les conditions sociales qui les ont prédisposées au vice.

Si repoussant et si mal rétribué que soit le travail des femmes, nous devons ajouter qu'il n'y en a pas encore pour toutes les ouvrières. Une jeune fille est-elle tombée par faim et par misère dans le bourbier du vice, les belles dames oisives lui objectent avec dédain : « Mais vous n'aviez qu'à travailler! » Cela est bientôt dit : toutefois, pour peu qu'on y réfléchisse, on voit que le travail, toujours ingrat et mal payé, n'est pas encore, dans notre société, d'un abord très facile. Tout le monde maintenant ne peut pas travailler : vérité terrible, puisqu'elle implique cette conclusion : tout le monde maintenant ne peut pas vivre !

Tant que le monopole du travail sera entre les mains de quelques maîtres au lieu d'être aux mains de la société, ce désordre, qui met en question chaque jour la vie de plusieurs milliers d'individus, se continuera. Le chef placé maintenant à la tête du travail est nécessairement un spéculateur ; il n'emploie pas ses ouvrières, il les exploite. Parmi les femmes qui se présentent à lui, il choisira celle dont l'organisation forte ou l'habileté des doigts promet à son entreprise un succès plus large. Les autres, refusées dès l'abord ou rebutées par un travail au dessus de leurs moyens, qui n'amène au bout de la semaine qu'un gain misérable, prennent le parti d'y renoncer : il ne leur reste plus alors que cette alternative, mendier ou se vendre.

Vous vous étonnez que cette pauvre et faible fille qui court la rue au bras d'un mari équivoque n'ait point trouvé d'ouvrage pour ses mains délicates quand *l'être fort*, quand l'homme ne peut réussir le plus souvent à employer ses bras ! Outre la peine qu'il y a à trouver maintenant un travail même rebutant et infécond, outre les affronts qu'il faut subir pour cela et les démarches exorbitantes qu'il faut faire (car l'emploi des forces naturelles est presque devenu, par le fait de la concurrence, un sujet d'envie), songeons encore à l'état horrible où une faillite, une clôture de boutique ou un chômage de morte saison, laisse de malheureuses ouvrières qui vivent au jour le jour sur les minces produits de leur aiguille. Femmes du monde qui laissez attendre souvent des mois votre salaire à la pauvre ouvrière timide, et qui la condamnez ensuite implacablement si vous la voyez tomber dans le mal, sachez que cet argent, retenu souvent par avarice ou par égoïsme pour contenter des goûts frivoles de rubans ou de bijoux, aurait donné du pain à la malheureuse fille et lui aurait épargné d'en chercher ailleurs !

Tant que les ouvrières ne se grouperont pas par attrait autour d'un travail normal, aisément et sûrement rétribué, elles auront dégoût à leurs devoirs, et ce dégoût, augmenté encore par les difficultés de la vie, les entraînera invinciblement à des unions naturelles. Le concubinage est de toute nécessité la loi sous laquelle vivent la plupart des ouvrières; elles cherchent à trouver dans la protection d'un être plus solide qu'elles une défense contre les mauvais coups de la fortune. Les ouvrières de la première classe forment souvent des liaisons avouables et décentes, quoique illégitimes. Elles les choisissent parmi les étudiants, les clercs de notaires, les artistes.

La plupart des jeunes filles qui s'attachent ainsi par amour aux jeunes gens bien élevés sont des ouvrières d'une nature choisie, qui ont eu horreur du mariage avec un ouvrier brutal et commun, et qui ont voulu s'élever au dessus de leur condition. Cette supériorité de cœur ou d'esprit est pour elles généralement un don fatal qui les entraîne à leur perte. Quelques unes se sont laissées séduire par l'appât trompeur d'un mariage promis; d'autres ont cédé avec toute connaissance, préférant encore être la maîtresse d'un homme aimé que la femme d'un autre. C'est, dira-t-on, de la vanité. Soit; mais on ne peut nier que cette vanité ne prenne sa source dans un sentiment élevé : ces filles, sur lesquelles le monde jette le déshonneur, n'ont commis primitivement d'autre faute que celle de naître dans une société aveugle et grossière, qui ne sait pas, entre les différentes classes d'hommes et de femmes, favoriser, dans le cas d'amour, l'accouplement légal des sexes.

La plupart d'entre elles avaient dans l'ame cette petite fleur du sentiment, qui veut, pour ne pas mourir, des soins délicats. Or, dans l'état présent des choses, l'homme du peuple (ce n'est pas sa faute) a quelquefois des amours bourrus comme toute sa personne; l'éducation ne l'a pas encore atteint, elle n'a pas suffisamment cultivé en lui cette poésie du cœur qui répond seule aux vagues inquiétudes de certaines jeunes filles. L'homme du peuple aime sa femme; hors le cas d'ivresse, il ne la bat ni la maltraite; souvent même il l'entoure d'aisance, de soins et d'égards. Mais il y a telles ouvrières auxquelles la perspective de ce mariage calme et avantageux ne suffit pas; elles préfèrent courir les risques d'une carrière épineuse plutôt que de borner leur vie à ce petit horizon; il leur faut une voix qui chante dans l'amour, quelque chose d'harmonieux et d'idéal qui les enlève de terre. Ce sont là, direz-vous, des imaginations romanesques. Peut-être; mais le roman tient plus de place qu'on ne croit dans la vie. Il n'est pas encore bien prouvé si le bonheur se compose des biens qu'on a ou de ceux qu'on croit avoir.

Tous les quartiers, mais surtout le quartier de l'École de droit et de médecine, offrent des exemples fréquents de jeunes filles échappées de leur familles, à la veille d'un mariage, pour suivre la fortune errante d'un jeune homme aimé. Quand le jeune homme les abandonne, elles restent quelquefois avec un enfant; généralement elles ne s'en affligent pas, au contraire; cet enfant leur rappelle l'image de l'objet envolé : c'est une consolation et une société pour plus tard. Si c'est une fille, et qu'elle soit jolie, il arrive volontiers qu'on la destine au théâtre; car les pauvres ouvrières ont si horreur des travaux de l'aiguille, qu'elles ne voudraient pour rien au monde y soumettre leur héritière. L'enfant ne répond pas toujours aux intentions qu'on a sur elle; mais, comme elle a eu de bonne heure des exemples fort lestes sous les yeux, il n'est pas rare qu'elle continue les erreurs et les infortunes de sa mère.

Nous ne dirons rien du domicile des ouvrières. Voici un petit tableau d'intérieur pris sur nature, qui pourra suppléer du moins à notre silence :

Pendant ces jours d'été que la prison allonge,
Où l'esprit fatigué se nourrit d'un vain songe,

Souvent je me souviens d'une fille en bandeaux
Que je voyais paraître à travers ses rideaux;
C'était une ouvrière; elle brodait pour vivre,
Et parfois reposait ses yeux noirs sur un livre;
Elle brodait souvent pendant un jour entier,
L'aiguille au bout des doigts, les pieds sous son métier,
Sérieuse et cherchant comme dans la peinture
Avec un peu de soie à fixer la nature;
Elle faisait vraiment des ouvrages fort beaux
Et ses fichus brodés valaient bien des tableaux.
Pourtant ce n'était rien qu'une humble et pauvre fille,
Belle, mais c'est en vain que son visage brille;
Son doigt blanc se ternit sous l'aiguille et le dé;
Elle ne porte pas le schal qu'elle a brodé;
Le satin fin et clair qu'elle sème de roses;
Le soyeux cachemire aux guirlandes écloses,
Et les frêles bouquets qui de ses mains sont nés
S'en vont parer souvent des cous noirs et fanés.
Tous ces beaux ornements qu'achète la richesse
Décorent au château quelque vieille duchesse,
Qui n'a pu ramener sur ses maigres appas
La jeunesse et l'amour que l'on n'achète pas.
Le pauvre artiste obscur dans sa mansarde noire
A du moins l'espérance et les rêves de gloire;
Il a d'âpres bonheurs : écouter les journaux
Bourdonner en essaim autour de ses tableaux,
Ou d'un livre battu par mille vents contraires,
Voir éclore une affiche aux vitres des libraires;
Mais vous avez beau peindre avec mille couleurs,
Filles, sur le satin des oiseaux et des fleurs,

Votre aiguille a beau faire entre vos doigts de fées
Mille dessins charmants aux robes étoffées,
On s'inquiète peu que vous viviez ou non,
Nul ne parle de vous, nul ne sait votre nom;
Vous n'êtes, comme on dit, que d'obscures grisettes,
Et vous allez au bois pour cueillir des noisettes
Avec un jeune fou, cœur ouvert à tout vent,
Qui vous aime peut-être et vous trompe souvent.

En général, l'ameublement des jeunes ouvrières est propre et modeste; il consiste en un lit de bois de noyer, une commode, quelques chaises, et enfin ce qu'une femme n'oublie jamais dans sa chambre, même la plus succinctement ornée, un miroir. Leur journée se passe à coudre devant la fenêtre, en chantant quelques vieilles romances. Un oiseau dans une cage, des pots de fleurs à la fenêtre, un chat aux longs poils, forment toutes leurs distractions. Si vous fouilliez aussi dans leur petit coffre de bois, vous y trouveriez une reconnaissance du Mont-de-Piété, quelques lettres d'amour, et une mèche de cheveux qu'elles regardent souvent avec des pleurs. Au reste, tant que la jeunesse anime cette vie si dure de privations et de travaux, ce n'est encore que demi-mal; une promenade au bois, un dîner sur l'herbe avec celui qu'elles aiment, les paient et au delà de quinze grands jours de fatigue. Mais au bout de cette vie de labeur et de folie vient la vieillesse amère.

Nous ne suivrons pas les ouvrières dans cette seconde moitié de leur vie, où elles n'ont plus même la santé ni la fraîcheur pour se faire pardonner leur indigence. Ici commence une série de maux lents et croissants que nous n'analyserons pas : le courage nous manque. Il nous suffira de dire que les plus protégées, celles qui dans leurs vieux jours se rattachent aux curés des églises, finissent par entrer à la Salpêtrière, sorte de dépôt commun où la société entasse ses rides et ses haillons; les autres, exposées à la pluie et au grand air, vendent sur la voie publique des allumettes, des bâtons de sucre d'orge ou des écheveaux de fil, pour gagner quelques sous. Quand ce métier ne suffit pas, elles demandent sournoisement l'aumône aux passants, non sans crainte des sergents de ville; car notre société ne permet même pas d'être pauvre. Le soir, elles rentrent dans des mansardes noires ou dans des taudis malsains, où elles deviennent un objet de risée et de dégoût pour les jeunes gens sans cœur qui les entourent. Pendant les huit mois que j'ai passés à la prison de Sainte-Pélagie, je me souviens d'avoir remarqué une petite fenêtre ouverte sur le toit, en manière de trappe : c'était la chambre d'une vieille ouvrière qui n'alluma pas une seule fois de la chandelle pour se coucher.

La mendicité, sous certaines formes discrètes, il est vrai, n'attend pas toujours chez les ouvrières le dépérissement des forces. Il y a mille manières à Paris de solliciter la générosité sans tomber sous la main des agents de la force publique. J'ai souvent rencontré, l'hiver, dans les églises, des jeunes filles de vingt ans qui imploraient par leur regard et à demi-voix la pitié des bonnes ames. C'étaient sans doute des ouvrières sans travail, car leur mise était décente, et la rougeur qui montait alors à leur figure en recevant l'aumône prouvait bien qu'elles n'avaient point l'habitude d'un tel métier.

Nous avons déjà parcouru bien des souffrances; nous n'avons rien dit encore des maladies et des infirmités graves qui atteignent souvent avant l'âge ces victimes de la nécessité; nous n'avons rien dit non plus des tentations auxquelles le besoin expose journellement leur probité naturelle. Tous les maux, dans notre société, reviennent à la femme ouvrière. Qui est-ce qui fournit le plus de malades à l'hôpital, de pauvres au bureau de bienfaisance, de victimes à la prison? Elle, toujours elle. Enfin une triste enquête nous a appris que les cadavres dont les étudiants en médecine se servent dans les amphithéâtres sont en grand nombre ceux de jeunes ouvrières mortes avant l'âge, quelquefois de débauche, presque toujours de faim. Leurs corps, quoique souvent encore frais et beaux, portent les traces non équivoques de souffrances anciennes; presque toutes ont succombé à des maladies phthysiques, leur maigreur contraste horriblement avec la jeunesse de leur visage. Ces lèvres violettes, où l'amour devrait encore poser des baisers et où la mort a mis le sien, condamnent dans leur silence l'organisation sociale qui leur a refusé le droit de vivre.

Nous avons exprimé plus haut cette terrible vérité, que le gain d'une ouvrière ne suffit pas à ses besoins : le siècle commet donc chaque jour, sans s'en soucier, de sombres assassinats, lentement exécutés dans le secret de la mansarde, sur de pauvres filles innocentes qui ne demandaient qu'un peu de pain pour rire et pour aimer! Ces malheureuses succombent la plupart du temps à une délicatesse de mère bien touchante; il leur est né un enfant dans le grenier humide et froid dont les fenêtres mal closes laissent passer le jour à travers une feuille de papier huileuse. La mère ne peut se décider à se séparer de cet enfant que l'amour lui a donné. Souvent c'est une pauvre femme abandonnée de son mari ou de son amant. Le gain de sa journée lui suffisait à peine pour ses besoins: comment ce gain pourra-t-il maintenant s'étendre à deux? Elle tente néanmoins une besogne au dessus de ses forces, elle mouille de ses larmes et de ses sueurs le sein aride dont la bouche de l'enfant tire un lait rare et rebelle; mais ses pauvres forces sont bientôt à bout, elle tombe malade et meurt.

Le mariage, qu'on représente comme une situation stable et comme une garantie donnée à la femme contre la faiblesse de son sexe, n'a vraiment pas ces avantages. Le monde est plein d'ouvrières délaissées dont les maris se soucient peu et qu'ils ont quittées souvent par libertinage ou par impuissance de les nourrir. Il y a bien des lois, mais c'est une dérision : pour obtenir justice il faudrait des démarches, de l'argent, du temps, des frais d'éloquence et de toilette : la malheureuse n'a rien de tout cela, elle trouve donc plus court d'allumer un réchaud et de fermer les yeux pour toujours. Le nombre des femmes asphyxiées au charbon dans leur chambre va toujours croissant chaque année, et redoublera encore à mesure que nous avancerons et que les temps se feront de plus en plus durs, si la société n'y met enfin bon ordre en s'occupant sérieusement de rétribuer le travail des ouvrières et d'assurer à la femme un avenir.

Nous n'avons traité jusqu'ici que des ouvrières de la première classe; celles qui travaillent dans les filatures ou les fabriques offrent encore, sous le rapport des mœurs, de l'éducation et de la manière de vivre, un spectacle bien autrement sinistre. « On trouve parmi ces ouvrières, dit M. Frégier, toutes les variétés du concubinage; et il est triste de penser que cet état équivoque et immoral est *le produit forcé et comme fatal de la misère* *. » Le même auteur ajoute plus loin : « Dans cette classe d'ouvrières on évalue seulement à un tiers le nom-

* *Des classes dangereuses*, t. I, p. 97.

bre des femmes unies par le lien du mariage aux hommes avec qui elles vivent. » Ces hommes étant en général durs et grossiers, les malheureuses qui cohabitent avec eux ont beaucoup à souffrir d'un commerce fondé la plupart du temps sur de froids calculs d'intérêt. Le lien du mariage, si faible qu'il soit, contient toujours un peu la férocité naturelle aux individus d'une certaine classe; quand ce lien manque, leurs compagne subissent les actes d'une brutalité révoltante. Ces femmes qui remplissent à la fois les fonctions d'épouse et de servante, ne recueillent le plus souvent de cette triste tâche que des insultes grossières, des affronts et des coups. C'est surtout quand l'ouvrier rentre ivre après la paie du samedi que ces créatures effrayées le recoivent avec une soumission tremblante qui ne parvient pas toujours à le calmer. Les rues populeuses ne manquent point d'hommes qui battent ainsi régulièrement leur femme, une fois la semaine, et dont les voisins ne s'inquiètent guèrent, *parce que ce n'est point une épouse légitime*.

La famille, loin d'être, comme dans le mariage, un motif d'union et de fidélité, devient pour les malheureux couples vivant à l'état de concubinage, un sujet de refroidissement et peu à peu de dégoût. Nous reculons ici vers les conditions de la barbarie et presque de l'animalité. Dès que les mères ont mis bas, leurs petits s'en éloignent presque aussitôt pour aller chercher leur vie. Ce sont ces enfants qu'on rencontre dans les rues, garçons et filles, qui, demi-vêtus, mal propres et les pieds dans la boue, courent après les passants qu'ils obsèdent pour requérir leurs générosités. « Le lien sacré des familles, dit M. Buret, s'il est jamais formé, est bientôt rompu par la dissolution et l'indiscipline des enfants, et par la négligence des parents. Les sentiments de la paternité et de l'amour filial ne résistent pas aux rudes épreuves de la misère. Les parents essaient de se débarrasser au plus vite du fardeau coûteux que leur impose la famille; et les enfants, aussitôt qu'ils sont en état de travailler, deviennent étrangers à leurs parents qui n'ont rien à attendre de leur reconnaissance. »

Ce que deviennent ces enfants abandonnés sur la voie publique, à peine sevrés de la mamelle, on le devinera aisément si l'on songe à tous les attraits de libertinage et d'immoralité que leur offrent nos grands villes. Un bon nombre des petites filles de sept à douze ans, ainsi négligées par leur parents, chez lesquels ils rentrent à peine la nuit pour se coucher, servent les plaisirs secrets de quelques immondes vieillards, dont ils reçoivent en échange des friandises et de l'argent. Les parents ferment les yeux sur ce coupable trafic; peu leur importe comment leurs enfants vivent, pourvu qu'ils ne vivent pas à leur charge. M. Béraud, ex-commissaire de police, chargé spécialement du service actif de l'attribution des mœurs, a rencontré même de ces petites filles « que leurs pères ou leurs mères envoient, sur la voie publique, dans l'intérieur de Paris et dans les quartiers voisins des barrières, où, vers la fin du jour, elles accostent franchement de vieux libertins qui sont quelquefois en relations réglées avec elles, et qui viennent un jour par semaine à des rendez-vous assignés d'avance. Ces petites filles ont leurs habitués *. »

Quand ce n'est point le libertinage qui ramasse en chemin ces enfants, c'est quelque autre industrie non moins déplorable. « Ces en-

* *Les filles publiques de Paris*, t. II, p. 212.

fants issus de conjonctions illégitimes sont, suivant M. Frégier, prédestinés par leur naissance à tous les coups de la mauvaise fortune. Placés dès leur bas-âge sur la pente du vice, entourés de mauvais exemples, sollicités par des passions éveillées avant le temps, ils se perdent lorsqu'ils savent à peine discerner le bien d'avec le mal. C'est parmi eux que les fauteurs de la mendicité, du vagabondage et du vol cherchent et trouvent des recrues. Les rapports annuels de la société du patronage des jeunes libérés de Paris renferment à cet égard des documents non moins intéressants que positifs *. » On voit que le désordre, suite inévitable de ces unions malheureuses, ne s'étend pas ici seulement à l'homme et à la femme, mais encore au fruit innocent de leur commerce, qu'il corrompt et vicie dans son germe.

Hâtons-nous pourtant de le dire : le concubinage est encore l'état le plus honnête dans lequel puisse vivre une ouvrière pauvre et dépendante. Beaucoup d'entre les femmes qui travaillent dans les filatures ou les fabriques sont obligées de descendre plus bas que cela,

* *Des classes dangereuses*. t. II, p. 160.

si elles veulent tirer de l'homme le secours dont elles ont besoin pour exister. « Si j'en crois ce qui a été rapporté, écrit M. de Villermé, beaucoup de filles et de jeunes femmes des manufactures abandonnent souvent l'atelier dès six heures du soir, au lieu d'en sortir à huit, et vont parcourir les rues dans l'espoir de rencontrer quelque étranger qu'elles provoquent avec une sorte d'embarras timide. On appelle cela dans les fabriques faire *son cinquième* quart de journée *. » Quelle conduite tenir devant de pareils faits? Blâmer avec une rigueur morose les égarements de ces ouvrières? Cela n'est plus possible quand tous les économistes de bonne foi, quelles que soient d'ailleurs leurs opinions, se montrent d'accord pour attribuer ce dérèglement des mœurs à la misère. « Les femmes, poursuit M. Buret, ne gagnent nulle part de quoi vivre. Les ouvrières en soie du midi, employées à préparer les cocons, opération la plus dégoûtante de l'industrie, ne gagnent pas plus de 80 centimes par jour. Nous avons vu que l'industrie forçait les jeunes filles

* *Tableau de l'état physique et moral des ouvriers*, par M. Villermé, t. I, p. 226.

de recourir à la prostitution comme moyen d'existence. A Sedan, dont la population ouvrière est supérieure en caractère et en ressource à celle des autres villes manufacturières, on déplore généralement le libertinage prématuré des filles, la tendance qui les entraîne à la prostitution. Il est de notoriété publique que les jeunes ouvrières des grandes villes ont recours, pour aider à leur entretien, à la subvention qu'elles retirent d'un commerce passager avec quelque célibataire d'une condition plus élevée que la leur *. »

Cette misère est si forte dans certains cas, qu'elle condamne ses victimes à des usages de liqueurs alcooliques, familiers surtout aux jeunes cotonnières, et qui produisent toujours chez elles un abrutissement fatal. « Plusieurs de ces infortunées, dit M. Frégier, n'ont pas de chemises; elles ne portent qu'une légère robe de toile, et l'hiver elles cherchent dans l'abus habituel des boissons fortes la chaleur que leur refuse un vêtement insuffisant. » Ces pauvres filles vont même quelquefois dans leur dénûment jusqu'à recher-

* *De la misère des classes laborieuses*, t. II, p. 193.

cher les hommes pour la seule chaleur naturelle qu'ils leur procurent,

On le voit par l'aveu des auteurs qui ont écrit avant nous, et surtout par les faits, la misère est la cause première et absolue des désordres qui règnent avec une énergie inquiétante dans la classe inférieure des ouvrières.

Ajoutons, comme seconde cause à la dépravation des mœurs dans cette même classe d'ouvrières, l'indifférence des maîtres pour tout ce qui touche à la décence des ateliers. « L'entrepreneur et les contre-maîtres, avoue M. Frégier, dont on ne suspectera pas le témoignage, ne dirigent leurs efforts que vers la production; ils ne paraissent s'inquiéter aucunement de la moralité des travailleurs. » En effet, c'est un spectacle navrant, renouvelé plusieurs fois sous mes yeux, et qui m'a toujours pénétré d'une tristesse immense, que celui-ci de ces fabriques où travaillent pêle-mêle et à moitié nus des individus des deux sexes, réunis côte à côte pour le travail, comme les chevaux et les juments dans un manége. De petites filles de sept à huit ans, mêlées, tout le jour, aux hommes, entendent de la bouche de ceux-ci les propos les plus dégoûtants, et se forment ainsi sans grande peine à toutes les manœuvres secrètes du libertinage. Les enfants des deux sexes s'amusent entre eux à des jeux et à des attouchements qui, loin de provoquer la juste surveillance des contre-maîtres, ne font souvent qu'exciter un rire général.

Un dernier trait qui peindra la démoralisation de ces filles employées dans les fabriques, c'est qu'elles ne connaissent même point en général le sentiment de la maternité. Une ouvrière de seize ans, est-elle devenue grosse par les œuvres de quelque ouvrier comme elle, ou d'un bourgeois de la ville, elle n'aspire plus qu'à sa délivrance. Quand le terme de sa grossesse approche, elle entre à l'hospice, où elle se débarrasse au plus vite de son enfant comme d'un poids incommode; l'accouchement n'est pour elle qu'une fonction brutale, une simple exonération. Ceci fait, elle retourne à l'atelier et recommence son train de vie, sans s'inquiéter désormais des suites de sa portée, qu'elle abandonne, non à regret, entre des mains étrangères. Les joies de l'amour maternel, que goûtent les animaux eux-mêmes, n'existent plus pour elle, tant la misère, quand elle s'appesantit sur une créature humaine, la comprime, l'humilie, la déprave et la descend pour ainsi dire au dessous de la brute!

Un docteur très connu; appelé spécialement par état à soigner la grossesse des femmes, nous a dit avoir rencontré les cas particuliers d'accouchements laborieux parmi les ouvrières de cet ordre et les filles de peine. Ce qu'il faut sans doute attribuer chez les unes à un travail sédentaire trop prolongé et chez les autres à un emploi trop violent de leurs forces; il va sans dire que le manque de vêtements préservateurs du froid, les abstinences de nourriture et les excès de boissons à certains jours, augmentent encore, avec le peu de précautions que prennent ces femmes, les chances d'avortements ou de malaises nerveux qui rendent en général leurs accouchements plus difficiles. Ces causes délétères n'influent pas moins énergiquement sur la santé de ces femmes, qui s'use et dépérit chaque jour dans des travaux stériles. Des calculs récents, impossibles à mettre en doute, constatent que la mortalité est bien moins considérable parmi la classe oisive que parmi la classe ouvrière, et dans cette dernière moins considérable parmi les hommes que parmi les femmes.

Un autre médecin de mes amis, passant dans

l'une de ces rues obscures et froides qui serpentent à travers certains quartiers de l'Hôtel-de-Ville, fut requis par une portière de monter dans une maison de mauvaise mine pour délivrer une femme qui était en travail. Ayant grimpé jusqu'au toit un escalier raide et boueux, il entra dans une mansarde indiquée, où il trouva une jeune ouvrière couchée sur un grabat. La malheureuse manquait de garde et de tisanne. Une horrible pâleur couvrait son visage maigre. Elle accoucha assez heureusement, quelques instants après l'arrivée du docteur; mais on ne voyait chez elle ni layette, ni langes préparés pour recevoir l'enfant; la mère elle-même n'avait pas de draps, une simple et légère couverture la défendait misérablement des injures du froid. Le médecin fut obligé de laisser son foulard pour envelopper le nouveau-né.

Nous avons vu nous-même la plupart des spectacles hideux que nous venons de faire passer sous les yeux du lecteur; craignant que notre style ému par ces scènes douloureuses ne prît des allures trop âpres, nous les avons rapportés sous la forme plus douce et plus affaiblie d'écrivains obligés par état à des ménagements. Nous tenons en effet à bannir de l'esprit de nos lecteurs, même les plus modérés et les plus ombrageux, toute arrière-pensée d'exagération. Ce n'est point un pamphlet amer et maussade que nous adressons à la société; nous lui soumettons des faits qu'elle doit connaître et juger. Tel qu'il est, ce tableau de l'état moral des ouvrières, surtout des ouvrières de la seconde classe, nous semble néanmoins assez grave et assez attristant pour motiver les conclusions qu'on lira dans la suite de cet ouvrage. Nous remettons à parler ailleurs du moyen d'améliorer le sort des travailleuses; il nous suffit quant à présent d'avoir constaté que ce sort est jusqu'ici précaire, dégradant, immoral; que, loin de fortifier l'ouvrière contre les chances du libertinage, il l'entraîne et la pousse souvent de force à mille désordres qui achèvent de rendre son existence vile et misérable.

Si des ouvrières nous passons aux filles de boutique, nous serons également obligés à une division; les unes occupent dans de gros magasins certaines charges assez fortement rétribuées, comme la tenue des livres ou du comptoir; les autres, employées en sous-œuvre dans des étalages ou des maisons de vente, gagnent souvent à peine leur nourriture. On conçoit donc que les premières trouvent dans leur position heureuse et stable des armes positives contre les attraits intéressés du vice; mais il n'en est pas ainsi des secondes. La plupart d'entre elles sont obligées de demander à un amour illégitime et souvent même au libertinage l'*entretien* que leur refuse la boutique.

Nous dirons au reste de ces filles ce que nous avons dit des ouvrières : loin de nous l'idée de les confondre avec les femmes de profession immorale dont il sera parlé dans la suite. Le besoin réduit involontairement les jeunes personnes à ces états périlleux qui n'imposent point absolument le vice, ni le déshonneur, mais qui en sont trop souvent l'occasion.

Il y a bien, comme nous le verrons, des boutiques à Paris qui sont de mauvais lieux déguisés; il y a bien des jeunes filles qui cherchent dans l'éclat du comptoir un moyen de se mettre en évidence; mais tout en restant pour le moment dans l'ordre naturel des choses, on ne peut se dissimuler que la plupart des jeunes filles un peu jolies ne servent aux boutiques où elles se trouvent de machines à effet et pour ainsi dire d'enseignes vivantes. Cette exploitation sordide de la femme au profit des maîtres de café ou de magasin, a un côté immoral qui doit blesser profondément si l'on réfléchit aux causes qui la font subir. Presque toutes les jeunes personnes qui tiennent de semblables emplois y sont amenées par la misère. C'est le besoin qui leur apprend ces mille artifices de coquetterie, dont la culture et l'exercice journalier forment l'éducation d'une fille de boutique. Il lui faut pour réussir toutes sortes de qualités peu sévères : un certain abandon dans les poses, une affabilité banale, des coups d'œil vifs et insidieux, lancés à propos, enfin ces mille riens engageants par lesquels ces pauvres servantes de l'acheteur prêtent à la marchandise une valeur qui lui manque. Le but en effet de toutes ces œillades tendres, de ces paroles si douces, dites d'une voix veloutée, n'est souvent que la vente d'une paire de gants, d'une cravate ou d'un savon parfumé. Le propriétaire du fonds spécule sur la fille de comptoir pour suppléer à la qualité des denrées par les appas et les charmes de celle qui les débite. Il n'est pas douteux, en effet, qu'on paye plus volontiers un objet trois fois sa valeur à une jolie marchande, qu'une seule fois à une laide; mais qui ne voit en même temps dans cette industrie froidement calculée un abus dégradant des plus jolis dons de la nature? L'abandon de sa chair n'est pas la seule manière qu'une femme ait de se vendre, et telle qui est contrainte par état de distribuer au premier venu son sourire, ses bonnes graces et ses avances, exerce pour vivre une sorte de prostitution morale, dont presque tous les quartiers de la ville renouvellent chaque jour, sous nos yeux, le spectacle affligeant et vulgaire.

Les débits de tabac, les estaminets, les cabinets de lecture, les boutiques de toilette d'hommes, sont particulièrement sujets à cette exploitation du sexe le plus convoité. La fille de boutique, pour peu qu'elle soit jeune et assez jolie, entre au moins pour un dixième dans tous les objets que les habitués achètent ou consomment sous ses yeux. C'est elle qu'on fume en partie dans les cigares, qu'on déguste dans le café, qu'on marchande dans les bretelles ou les cols de chemise. Cette espèce de cour sans cesse renouvelée, et toujours la même, agit sur ces pauvres filles d'une manière funeste. Chez les unes, elle produit une sorte d'ennui et de dégoût de l'homme qui dégénère bientôt en rouerie; faire beaucoup espérer, tenir peu, est la devise de ces créatures blasées qui entendent, tout le jour, sur mille bouches indifférentes et menteuses, le même compliment, à quelques variantes près. Elles payent en même monnaie banale, c'est-à-dire en œillades et en paroles sans résultat, les lettres de change que certains collégiens naïfs tirent à vue sur leur personne. La continence, toute physique il est vrai, est moins rare qu'on ne pense chez les boutiquières; ces filles souriantes et accortes qu'on croit être à tout le monde, ne sont souvent à personne, sauf le cas assez rare au reste d'un entreteneur. D'autres, et ce sont celles, hélas! qui ont meilleur cœur, s'abandonnent au contraire à mille intrigues dont le propriétaire du fonds retire tous les profits, et elles toutes les pertes. Cette vie de dissipation et de libertinage ne tarde pas à flétrir leur santé; le maître, s'apercevant alors que leur fraîcheur usée, leurs charmes défleuris, n'attirent plus de *chalands*, les met froidement au rebut comme des marchandises passées de mode.

Le sort des filles de boutique est si peu solide, les industries auxquelles se prête leur concours sont souvent si éphémères, que leur position n'offre en général aucune stabilité.

Nous en avons suivi des yeux quelques unes qui, dans l'espace de deux années, passaient au moins par huit ou dix boutiques différentes, et changeaient même plusieurs fois l'objet de leur industrie, tenant un jour des gâteaux, un autre des parapluies ou des lorguettes, et finissant quelquefois par ces étalages du Palais-Royal, où l'achat d'une brosse à moustache ou d'un cosmétique n'est souvent que le prétexte d'un entretien à voix basse. On comprend quel désordre et quelle misère ces changements subits, ces variations et ces chômages doivent introduire dans leur vie sans cesse agitée. Les malheureuses passent leur temps à chercher un état, et la vieillesse les surprend dans cette poursuite inquiète. Il ne leur reste rien de ces efforts stériles qu'un présent maussade et un avenir plus maussade encore. Les yeux brûlés à la clarté du gaz, les doigts rougis, pendant l'hiver, au froid pénétrant des galeries, le front ridé de veilles et de soucis, les malheureuses réchauffent leurs nuits à certains commerces des sens qui n'ont plus pour elles aucun secret ni aucun plaisir.

Au dessous des *demoiselles* de boutique, vit une race mercenaire et parasite qu'on nomme les servantes de maison. C'est à elles qu'est confié le travail du ménage, de la toilette du maître et de la maîtresse, de la bonne tenue des enfants. Il leur faut donner pour de l'argent, à ces petits êtres malpropres, certains soins, toujours odieux et répugnants quand ils ne sont point relevés par le sentiment maternel. Il est pourtant vrai de dire que le sort de ces femmes vivant à l'état de domesticité est généralement plus heureux que celui des autres travailleuses. La plupart des fonds placés à la caisse d'épargne sortent de ces mains obscures et ménagères. Il leur est facile, en effet, de prélever sur leurs gages et leurs achats quotidiens certaines primes, qu'elles encaissent sourdement pour leurs vieux jours. Ceci prouve, au reste, combien nous avons encore fait peu de chemin dans la voie du progrès, puisque la servitude, sous une forme il est vrai très adoucie, est encore dans notre temps l'état le plus profitable, et que la liberté constitue au contraire pour la femme prolétaire un obstacle réel au gain de son existence.

Nous ne parlerons pas ici des liaisons sentimentales, toutes volontaires, qui existent entre les bonnes d'enfants et les soldats, ni de celles qui se forment, le dimanche ou le jeudi soir, aux barrières avec les jeunes ouvriers. Les domestiques ont beaucoup de peine par état à s'élever vers un mariage régulier ; or, comme le cœur ou les sens ne laissent pas que de parler chez elles tout aussi bien que chez les autres femmes, force leur est de chercher, dans un commerce clandestin, les plaisirs que le monde leur refuse. Elles ont, comme elles disent, un *bon ami*. Le concubinage sous toutes ses formes les plus faciles est à l'ordre du jour parmi les jeunes servantes et surtout parmi les femmes de chambre. Celles-ci deviennent en beaucoup de cas les confidentes des infidélités de leur maîtresse, qui leur passe à ce titre une ou deux amourettes. Mais de toutes les conditions qui exposent les jeunes domestiques au vice, il n'en est pas de plus honteuse ni de plus repoussante que celle à laquelle on les voit souvent réduites chez de vieux célibataires libertins. Nous en avons eu un exemple affligeant sous les yeux. Une belle fille, venue de la Normandie, demeurait depuis un an, à titre de bonne, chez un propriétaire âgé. Nous n'avons pas besoin de dire qu'elle était à la fois sa servante et sa maîtresse. Au bout d'un certain temps, et par suite sans doute d'une fusion réciproque très intime, l'homme et la femme semblaient avoir échangé, chacun pour sa part, les attributs de leur âge; les roses de la jeunesse renaissaient de jour en jour sur les joues fanées du vieillard, tandis que les feuilles sèches de la caducité commençaient à remplacer les fraîches couleurs et les dix-huit ans de la jeune fille. Ce couple offrait physiologiquement le plus singulier spectacle qui soit au monde. Nous le perdîmes quelque temps de vue; lorsque nous le rencontrâmes de nouveau, il y a deux ans, nous restâmes de plus en plus étonné du contraste qui s'était établi entre les deux *partners;* la pauvre femme dépérissait sensiblement de jour en jour; sa nature, saine et vigoureuse, luttait contre les symptômes sans cesse croissants d'une vieillesse inoculée; l'homme avait au contraire repris un air de santé fraîche et gaillarde qui nous dégoûta. Notre cœur se serrait convulsivement à voir marcher à côté de lui, le visage tout marqué de taches cadavéreuses, cette grande et belle fille du peuple qui s'était livrée par intérêt, et que le vieillard malfaisant avait en quelque sorte absorbée. — Tous les deux me firent honte; mais la femme me fit pitié.

Il y a une autre exploitation du sexe bien autrement large et dévorante, c'est celle qu'en font nos théâtres. Nous ne parlons point ici des actrices dont quelques-unes réussissent à se créer une position d'éclat, quoique toujours dépendante ; mais des figurantes, des *rats*, et même des jeunes artistes, connues plus spécialement sous le nom *d'élèves dramatiques*.

Les figurantes reçoivent, suivant les théâtres, une somme légèrement variée, mais toujours médiocre, qui ne suffit même pas aux premiers besoins de leur vie ; aussi les voit-on affluer, le soir, aux abords des coulisses avec des robes de guingamp déteintes, des mains nues, des châles passés de mode. Ces malheureuses viennent, à travers la pluie et la boue, pour servir les amusements du public. Rien de plus affligeant, selon nous, que l'intérieur des coulisses d'un théâtre ; nous avons été étonné, en les visitant, de tout ce que les plaisirs de l'homme contenaient au fond de misère et de néant. Ces filles s'habillent et se déshabillent plusieurs fois dans la soirée ; elles fardent sous un rouge grossier la pâleur habituelle de leurs joues et la tristesse de leur ame ; simples choses à effet, elles fonctionnent sur la scène comme des décorations vivantes, sans caractère, et pour ainsi dire, sans individualité qui leur soit propre. On ne les engage pas, on les loue. Ce ne sont plus des femmes, mais des machines à exercices. Leur sort offre quelque ressemblance avec celui des soldats; elles passent la revue à certains jours devant le directeur de théâtre, espèce de général en gants blancs et en habit noir, qui inspecte leur figure, leurs bras, leurs mollets, et jusqu'aux formes les plus secrètes de leur personne, afin de déterminer leur emploi dans les répétitions générales. La grande ambition de ces pauvres filles, servantes du public, est de se donner dans le monde pour des *artistes*: mais en général leur condition est, du tout, inférieure à celle des servantes de maison; car l'homme est encore moins exigeant et moins sauvage dans ses besoins que dans ses plaisirs.

Nous avons dit que ces malheurenses gagnaient à peine de quoi vivre; la figure qu'elles font à la scène n'est, à cause de cela, pour la plupart, qu'un moyen et un prétexte de se mettre en évidence. Leur gain de théâtre, fût-il en effet plus considérable qu'il ne l'est réellement, ne saurait suffire dans tous les cas à une vie fatigante et fièvreuse, dont les veilles prolongées augmentent encore la dépense. Il faut qu'elles en inventent un autre, et l'on devine aisément ce que peut être ce gain. Le libertinage vénal et froid est de tout point l'état habituel de ces pauvres créatures. Le théâtre ne leur fournissant point un revenu stable et honnête, elles sont presque toutes obligées de mettre leur personne en exploitation; c'est le fonds qui leur manque le moins.

Dira-t-on pour justifier l'état actuel des choses que les filles engagées dans de telles professions y sont toutes amenées par des vices? En vérité, ceci ne serait point exact. Ne savons-nous pas que le travail, et surtout le travail des femmes, est, par le temps qui court, difficile à obtenir; il faut ensuite y apporter certaines dispositions dont toutes les jeunes filles ne sont point dotées par la nature. Telle qui sait remuer avec élégance le bras et la jambe; qui, par son minois piquant, sa taille fine, et son air espiègle remplit à merveille les rôles muets à la scène, aurait peut-être fait une détestable ouvrière; il faut bien tenir compte ici des aptitudes diverses qui règnent aussi bien parmi les femmes que parmi les hommes. Nous voilà donc toujours réduits à chercher dans le besoin de vivre la cause principale qui condamne les jeunes filles au théâtre; la faim, telle est la chaîne inexorable qui retient leurs pieds sur les planches. Rien de plus triste, en effet, sous des dehors coquets et souriants, que la vie de ces femmes; nous avons levé un coin du voile sur leurs humiliations de chaque jour, sur leur souci rongeur, sur leur dépendance muette; mais nous sommes bien loin d'avoir même tout indiqué; ces malheureuses ont au cœur le *ver qui ne meurt pas*. Exposées chaque jour à des rencontres brutales ou malsaines, elles nouent et dénouent perpétuellement une chaîne d'intrigues interminables, qui commence par la débauche et finit par le remords. Avec les années, viennent peu à peu les ennuis et les laideurs de l'âge; ces pauvres femmes tombent avant même le temps ordinaire dans les froides ténèbres d'une vieillesse lamentable. Ce sont elles qu'on rencontre alors sur nos boulevards, malpropres et demi-nues, enviant aux chevaux de luxe, pendant l'hiver, la chaude couverture de laine qui les défend contre les injures de la saison. D'autres, plus perverties, continuent de servir dans les théâtres, mais à titre cette fois d'entremetteuses, d'ouvreuses de loges, ou de *mères d'actrices*. Elles donnent des leçons de vice et de rouerie aux jeunes filles de bonne volonté qui débutent dans la carrière.

L'esprit demeure effrayé, et le cœur se serre, quand on songe à la corruption précoce qui règne derrière le mince rideau de l'avant-scène. Les *rats* de l'Opéra, jeunes enfants de douze à seize ans, ont déjà sur la bouche des chansons obscènes ; la connaissance précède de longtemps chez ces petites filles certains actes auxquels la nature se refuse encore et qu'elles suppléent par des moyens misérables. Les enfants, engagées comme apprenties dramatiques dans les théâtres d'élèves, mènent une conduite qui n'est pas moins affligeante. M. Béraud, qui a eu occasion, sans doute, de les observer de près dans l'exercice de ses devoirs, nous les représente hardiment comme disposées à entrer dans les vues du premier libertin venu qui consent à payer leurs complaisances. Il ne se déguise même pas la cause de cette démoralisation hâtive : « C'est le besoin, nous dit-il, qui les pousse au libertinage, et tant qu'elles ne sont pas nubiles, elles se livrent aux mêmes actes de prostitution, pour entrer dans la classe des femmes galantes, lorsque l'âge leur permettra de donner toute l'extension possible à leur débauche *. » En effet, ces malheureux petits êtres, sortis pour la plupart de familles indigentes, ne rencontrent à leur début dans la carrière du théâtre que des commencements stériles. Le même auteur nous apprend « qu'elles passent au moins six mois sans toucher la moindre paie, pour obtenir ensuite 24 à 30 francs répartis dans les six mois suivants, 80 à 100 francs pour la seconde année. » On comprend dans quelle incurable misère, et par suite dans quel libertinage plus incurable encore, tombent alors ces petites filles abandonnées; elles ne tardent pas à se mettre en concurrence pour le genre de vie et pour la corruption des mœurs « avec celles des rues désertes qui avoisinent les barrières **. » On sait que chez celles-là également :

> Le *vice* n'attend pas le nombre des années.

Nous rapprocherons des élèves dramatiques ces petites musiciennes ambulantes, qu'on rencontre çà et là sur la voie publique, dans les

* *Des filles publiques*, par Béraud, t. II, p. 224.

** *Idem*.

promenades, et souvent jusque dans l'intérieur des cafés ou des bateaux à vapeur. Le teint bruni, l'œil effronté, la voix cassée et morne, elles chantent accompagnées d'un violon criard, des romances anciennes qui achèvent de perdre toute fraîcheur sur leurs lèvres. Quand après avoir travaillé vient le moment de la collecte, elles promènent autour des bancs une petite tasse en forme de sébille, dans laquelle les plus généreux laissent pompeusement tomber quelques sous. Quoique l'habitude chez ces enfants ait rendu de tels actes en quelque sorte mécaniques, nous avons toujours remarqué dans ce moment-là sur leur pauvre figure maussade une petite rougeur de honte, et comme un air de tristesse qui nous touchait jusqu'aux larmes.

Que dire encore de ces petites filles ramassées, on ne sait où, dont les saltimbanques se servent pour leur faire exécuter des tours de force? Les bras et les jambes disloqués, la face terne, les yeux éteints, ces malheureuses réduisent leurs membres, sous les yeux d'une foule stupide, à mille exercices contre nature, qui devraient au contraire provoquer parmi les assistants l'horreur et le dégoût. On devine quelles sont les mœurs de ces malheureuses, et de quelle manière, étant pour la plupart du temps battues et mal nourries, elles anticipent par des moyens honteux et pour un gain sordide, sur des plaisirs étouffés d'avance dans leur germe. Nous en avons vu de treize à quatorze ans qui faisaient frémir par le cynisme de leurs discours et de leur conduite. C'était la froide corruption d'une vieillesse usée dans un corps à peine nubile.

Au dernier degré des femmes qui gagnent leur vie avec le produit de leur travail, se place, selon nous, le modèle. Nous ne confondrons pas sous ce titre certaines femmes qui servent tout à la fois aux artistes de *sujets* et de maîtresses. Quelques courtisanes sont encore attirées dans les ateliers par la curiosité. On a vu, qui plus est, des dames du monde, en petit nombre, venir secrètement chez un statuaire, et laisser tomber leur robe pour les interroger sur les points suspects de leur beauté. Il fut même un temps, dit-on, heureux temps pour l'art! où les belles femmes, duchesses ou autres, abaissaient volontiers devant l'artiste les voiles de la pudeur, comme les cinq jeunes filles d'Agrigente devant le peintre Zeuxis.

Les choses sont bien changées; la plupart des

femmes qui se rendent maintenant dans l'atelier d'un artiste pour y poser, n'y sont plus conduites par la vanité, ni par l'amour, mais par le besoin. Maintenant le rôle de modèle est abandonné à de pauvres filles nées dans le peuple, qui font de cela un trafic et une profession. On est modèle comme on est ouvrière en robe ou blanchisseuse. Aussi disent-elles, en rentrant de la séance, qu'elles viennent de travailler. Le seul prétexte moral qui pourrait excuser à nos yeux chez la femme une telle révélation de ses formes les plus secrètes, comme le sentiment et l'amour de l'art, leur manque donc absolument. La faim, cette vieille vendeuse d'esclaves, détache seule de ses doigts hideux et maigres l'épingle qui maintient le fichu de coton sur le sein palpitant de ces pauvres filles.

Le modèle a donc pour industrie d'étaler aux yeux des artistes la nature telle que Dieu l'a faite, sinon dans toute sa beauté primitive, au moins dans toute sa nudité. Cette femme, en s'exposant ainsi sans aucun voile aux regards d'un homme, et souvent de plusieurs, n'éprouve aucune honte; aussi bien elle exerce en cela son métier. La fonction qu'elle remplit, en ce moment, la revêt en effet d'un certain caractère inviolable, sur lequel elle compte, du moins pendant la séance, pour éloigner les affronts et les attaques trop directs à sa pudeur. Mais au moment où cesse l'exercice de sa charge, le modèle finit et la femme recommence; nous en avons vu alors plusieurs rougir à se trouver nues en notre présence, et se tourner contre le mur avec embarras, en cherchant derrière les toiles un endroit obscur, pour remettre plus secrètement leurs bas et leur chemise.

On ne peut nier cependant que le commerce habituel des modèles avec les artistes, que cette perpétuelle et banale exposition de leur corps, ne contribue à leur faire perdre tout sentiment du devoir. Les modèles sont pour la plupart des filles démoralisées et corrompues, qui s'enivrent d'eau-de-vie *, courent les rues ou les promenades publiques avec des œillades engageantes, et qui ont plusieurs hommes à la fois. Leur beauté ne tarde pas à souffrir beaucoup de cette vie d'excès et de débauche. C'est cependant de ces figures usées par le vice, altérées et flétries par l'ivresse, que les artistes tirent les têtes an-

* Le modèle qui a servi à Girodet pour son *Attala* est mort à trente ans, au coin d'une borne, brûlé de boissons alcooliques.

géliques de leurs saintes et de leurs madones.

Je demandai un jour à l'une d'elles, qui passait pour plus honnête que ses camarades, pourquoi elle exerçait un métier si équivoque. — « D'abord, me répondit-elle, parce que je n'en sais pas d'autre, et ensuite j'aurais bien de la peine à en trouver un qui me rapportât autant que celui-là. » Les modèles gagnent en effet quatre francs, toutes les fois qu'ils travaillent, ce qui est énorme pour une journée de femme.

Elles n'ont guère besoin pour cela que de leur personne telle que Dieu l'a faite, ce qui est encore une considération très grave pour ces pauvres filles ignorantes, qui n'ont ni le temps, ni les moyens de se mettre en apprentissage. Il n'est même point nécessaire qu'elles soient belles de tout point, il leur suffit d'une partie du corps bien réussie ; la plupart des modèles louent qui la tête, qui les bras, qui les seins et le reste ; ce commerce de détail ne leur profite pas moins que l'autre. Si l'on réfléchit maintenant à la difficulté qu'il y a pour une ouvrière de gagner sa vie dans un métier pénible et chèrement appris, on comprendra que le rôle de modèle, malgré les sacrifices qu'il impose à la pudeur, soit très en vogue parmi certaines femmes. Heureux encore quand l'exercice de cette industrie douteuse et les vices qui en sont la suite ne tombent pas sur de pauvres adolescentes dont ils flétrissent l'innocence dans sa première fleur!

Les abus que nous avons déplorés tant de fois, règnent particulièrement dans la classe des modèles. La plupart anticipent sur le vœu des organes pour accomplir hâtivement certaines actes funestes et obscènes, qui les dégoûtent de l'amour. Pauvres filles naturelles du juif errant, venues clandestinement au monde, et pour ainsi dire, par hasard, à peine sont-elles nées qu'elles courent déjà les ateliers et les rues, posant et mendiant; quelques unes servent avant leur quinzième année aux plaisirs occultes d'un vieil artiste libidineux, lequel les employe au double usage de la peinture et du vice. On en a vu plusieurs perdre la vie à ces infâmes commerces. Celles qui résistent gardent dans leur organisation flétrie, étiolée, maladive, les traces ruineuses d'une vieillesse précoce. Il est déplorable de voir en effet ces mêmes filles à vingt ans, les épaules étroites, les seins flasques, le col décharné, les bras en fuseau, les jambes grêles, les joues évidées, les veines pauvrement nourries d'un mauvais sang incolore, offrant en un mot dans leur organisation épuisée tous les signes avant-coureurs de la décrépitude. C'est à ces vices prématurés qu'il faut attribuer chez les modèles ce dépérissement de plus en plus sensible de la beauté, qui amènera tôt ou tard infailliblement une déchéance dans l'art.

Ces petites juives habitent par colonies certains quartiers obscurs et malsains. Quand elles rentrent coucher, c'est dans ces grands taudis où s'entassent pêle-mêle des lits de sangle, vrais nids à filles et à insectes. Nous avons toujours éprouvé un serrement de cœur involontaire en nous aventurant dans ces juiveries profondes et farouches, où fourmille une population étrange. Des femmes de trente ans, presque toutes grosses ou en train de l'être, gardent de nombreuses familles. Les enfants des deux sexes sortent de là par larges couvées, et comme les petites filles sont généralement belles, ou du moins promettent de le devenir, elles vont chercher de l'ouvrage dans les ateliers. Nous avons expliqué la cause pour laquelle ces promesses ne tenaient pas, et dit comment le fruit mourait dans sa fleur. Quoi qu'il en soit, les filles juives naissent toutes avec un caractère de tête que les artistes ne retrouvent point aux autres femmes, et qu'ils ne peuvent remplacer aisément; il faut qu'il y ait une vie bien mystérieuse et bien indélébile dans ce peuple hébreux qui maintient le type de la beauté parmi les nations modernes, comme autrefois il conservait parmi les anciens le dogme de l'unité de Dieu.

L'état de gêne dans lequel se trouvent certains juifs, par suite d'une nombreuse famille dont il leur devient impossible de soigner tous les membres, a seul donné naissance parmi eux à l'industrie de modèle. Il n'a rien moins fallu que le besoin, en vérité, pour faire découvrir à de jeunes filles timides ces formes secrètes que la décence naturelle tient cachées par respect sous la toile, comme le corps sacré du Christ sous le voile de l'autel. Pour ces petites juives condamnées à poser toutes nues dès l'âge de douze ou treize ans devant des hommes, il n'y a plus aucun sentiment de vergogne; elles vendent en germe contre un morceau de pain ce qui fait le charme et le caractère des jeunes filles; presque toutes sont perdues longtemps avant leur première faute, et elles ont déjà profané l'arbre de la science qu'elles n'en ont point encore goûté les fruits.

Aux modèles, nous pourrions rattacher ces femmes qui servent dans les cours d'accouchement à d'autres expériences non moins humiliantes que brutales. Il faut que la faim ait contracté avec la misère et le vice des accouplements bien hideux pour faire descendre ces créatures, malgré la pudeur naturelle au sexe, vers un rôle semblable. Le professeur explique froidement la chose *preuves en main*, sur le ventre découvert du *sujet*, en présence d'un auditoire de jeunes gens, qui mêle souvent à la leçon des quolibets injurieux et grossiers..... Mais hâtons-nous de tirer le rideau sur une pareille scène ; on désespérerait de la morale, et l'on rougirait presque de l'espèce humaine, telle que la nécessité l'a faite, si l'on n'espérait pour elle dans l'avenir une grande et juste réhabilitation.

Mais, dira-t-on, ne faut-il pas, dans l'intérêt de l'art et de la science, qu'il y ait des femmes exerçant de telles fonctions ? Sans doute; mais ces fonctions pourraient s'ennoblir par le dévouement, par le sentiment de l'utile, par l'héroïsme même de la vertu ; du jour où de tels actes librement exécutés seraient les sacrifices individuels de la pudeur s'immolant au bien général, loin de rien faire perdre à la femme de son honneur, ils l'élèveraient au contraire jusqu'au sublime. Ce qui dégrade ces femmes, ce qui nous dégoûte ou plutôt nous afflige en elles, c'est le motif même de leur nudité. Elles ne voient là dedans qu'une tâche, qu'un métier, qu'un moyen d'échapper à des nécessités plus dures encore. La misère de sa main hideuse découvre les membres les plus secrets de ces pauvres femelles humaines, malgré les mouvements sourds et les protestations muettes de la nature justement indignée.

A ceux qui douteraient que la pauvreté fût assez forte pour réduire toute seule les femmes sous le joug de pareils métiers, nous répondrions par l'exemple vivant et constamment sous nos yeux de ces autres femmes remuant des ordures au coin des bornes, suivant les porteurs de bois dans les chantiers pour ramasser derrière eux des écorces d'arbre, ou, selon le témoignage de M. Gisquet lui-même, allant recueillir dans les voiries les poissons infects et les viandes gâtées que la police a fait disparaître de nos halles. Quand ces malheureuses disputent aux vers leur nourriture, le moyen de s'étonner qu'elles livrent leur ame à une autre corruption non moins dégoûtante. La misère, surtout cette misère sordide et profonde, est en effet le cloaque impur où végètent comme des plantes cryptogames les vices les plus grossiers. L'homme et la femme, dans l'abaissement où les réduit la privation des soins les plus nécessaires, arrivent à peine à se distinguer de la bête. « Il y a, dit M. Frégier, des chambres garnies qui contiennent jusqu'à neuf lits séparés par de petites ruelles suffisant à peine au passage des habitants, et ces lits sont bien souvent occupés par deux personnes qui ne se connaissent pas et ne se sont jamais vues. La différence des sexes n'est pas un obstacle à ces cohabitations nocturnes et fortuites, quoique les préposés de la police ne négligent rien pour empêcher ces désordres [*]. » La faim, mauvaise conseillère, pousse même les femmes, dans cet état de dénument et de désespoir, à certains actes que la société actuelle traduit journellement devant les tribunaux. On lisait dernièrement dans le *National* : « Hier, une pauvre fille avait à répondre devant la cour d'assises à une accusation de vol. Les débats, sans faire disparaître peut-être le

[*] *Des classes dangereuses*, t. I, p. 141.

fait matériel, ont établi que l'accusée avait subi des entraînements auxquels son jeune âge et l'éloignement de sa famille l'avaient exposée sans défense. Aussi MM. les jurés se sont-ils empressés de prononcer son acquittement, et de plus ils ont fait remettre pour elle à son défenseur une somme de 40 francs, produit d'une collecte faite entre eux dans la salle des délibérations *. » De pareils faits se représentent fréquemment; mais comme les jeunes filles sans ouvrage ont dans leur personne des moyens faciles de sortir d'embarras, c'est plutôt d'ordinaire à elles-mêmes qu'elles s'en prennent, à leur chair et à leur honneur.

Le travail qui devait être pour la femme une barrière et une défense contre le vice, n'est, comme nous l'avons vu, grace à l'exiguité de ses produits, qu'un palliatif en général chimérique et impuissant; la malheureuse se trouve contrainte de demander à la débauche secrète un supplément de salaire. D'autres fois, ce travail est par sa nature tellement environné de périls et de tentations, qu'au lieu d'éloigner pour elle les occasions de chute il les fait naître, et les multiplie bien plutôt : nous venons d'en avoir la

* *National*, 7 novembre 1841.

preuve dans les filles de boutique et de théâtre, dans les modèles, enfin dans toutes les femmes travailleuses que leur industrie met spécialement en rapport avec les hommes. Il y en a sans doute parmi elles qui se conduisent honnêtement ; nous n'entendons pas dire que les causes de libertinage créées par les états qu'elles exercent soient absolues, fatales, irrésistibles; mais nous soutenons, et tout homme sensé sera de notre avis, que les jeunes filles placées sous de telles influences ont plus de mérite que d'autres quand elles résistent au vice, et moins de torts quand elles y succombent; d'autant que la société a vraiment peu le droit d'exiger des efforts surnaturels de la part de créatures vives et spontanées, dont elle a fort peu soigné l'éducation. Nous avons vu cependant que la misère et le besoin de vivre condamnaient la plupart d'entre elles à ces métiers, sans même souvent leur laisser la liberté du choix; en sorte que le vice, toujours blâmable et répréhensible en lui-même, serait souvent pour la femme, dans l'ordre de choses actuel, comme la conséquence nécessaire de sa position sociale.

DES INDUSTRIES SECRÈTES ET IMMORALES,

Les femmes entretenues. — Les femmes galantes. — Les femmes à parties. — Les grisettes. — Les filles vagues.

Dans l'antiquité, chez les Babyloniens par exemple, les jeunes filles sacrifiaient leur pudeur aux dieux; au moyen âge, elles en faisaient une victime pour les seigneurs féodaux qui étaient les dieux de ce temps-là; elles l'immolent maintenant aux riches qui sont les seigneurs de notre siècle. Nous n'avions rencontré jusqu'ici que des industries mixtes, chez lesquelles le vice, quoique souvent positif et vénal, entrait du moins comme un élément étranger; nous allons descendre vers des régions plus brillantes peut-être, mais aussi plus complètement fatales; chez lesquelles le sacrifice dont nous parlions tout à l'heure, conclu une première fois sous l'étreinte du besoin, se continue ensuite chaque jour tristement avec le déplorable sang-froid de l'habitude.

Avant de descendre jusqu'aux prostituées, on rencontre sur le chemin du déshonneur une foule de femmes de mauvaise vie que l'on est convenu de classer, selon leurs œuvres, parmi les femmes entretenues, les femmes galantes, les femmes à parties.

La femme entretenue est celle qui vit à la charge d'un homme; elle ne se livre à aucun de ces travaux manuels et domestiques dont dépend l'existence des ouvrières : toute sa tâche est d'être jolie et de plaire; c'est un objet de luxe, d'orgueil et de plaisir qu'on se procure, quand on est riche, comme un beau cheval ou un chien de Terre-Neuve. L'oisiveté est son état apparent; mais cette oisiveté, fruit de travaux clandestins et de complaisances honteuses, rapporte sans effort tout le confortable de la vie. Son goût dominant est l'amour de l'or, non qu'elle en soit avare, mais avide. La femme entretenue vit sur l'homme qui l'aime comme sur un pays conquis. Issues généralement de familles pauvres et obscures, sorties même quelquefois de la loge d'une portière, la plupart de ces créatures ont été amenées à leur état par des vices, mais, il faut l'avouer, par des vices excusables et dont peu de femmes sont exemptes. Presque toutes ont été séduites par la coquetterie : c'est un premier cadeau dans leurs goûts et fait à point qui les a perdues. D'autres se sont laissé éblouir par le rayonnement de quelques pièces d'or, rayonnement auquel les femmes du monde avoueront, si elles sont franches, ne pas rester insensibles. N'a-t-on pas vu dans la société des jeunes filles honnêtes tomber amoureuses d'un inconnu à cause de la manière prodigue et libérale dont il semait l'or sur une table de jeu? Il est d'ailleurs dans la nature de la femme de rechercher dans l'homme, être fort et productif, une aisance qu'il n'est guère donné à ses faibles moyens d'acquérir. Aussi voyons-nous partout le sexe femelle, excepté dans le cas d'héritage, vivre à la charge du sexe mâle. Une remarque assez curieuse a été faite dans ces derniers temps, c'est que les prétentions de la femme à cet égard diminuent sensiblement à mesure qu'on se rapproche du soleil et de la nature : en Angleterre on la séduit avec des billets de banque, en France avec de l'or, en Italie avec de l'argent, en Espagne avec du cuivre, toujours ainsi jusqu'aux filles des Tropiques, lesquelles se donnent pour un clou, — mais toujours pour quelque chose.

Du reste, hâtons-nous de dire que la femme entretenue, cette aristocratie du vice, a disparu avec toutes les autres aristocraties. La restauration a été son dernier règne. Il fallait, il est vrai, pour tenir rang d'entretenceur une fortune immense et ancienne que le train d'une vie dissolue, les fantaisies ruineuses de ces femmes et l'amour effréné du jeu ne pussent détruire; il fallait en outre du loisir pour ne point abandonner à d'autres les fruits qu'on cultivait si chèrement; deux choses manquent auprès des femmes, aux *hommes d'affaires* qui forment l'aristocratie moderne, le temps et l'argent. Qu'est-il arrivé? c'est que l'amour a suivi le mouvement industriel du siècle; on entretient maintenant les femmes par association; on les exploite en commandite.

Il y a bien peut-être encore de nos jours quelques femmes dont les dépenses sont couvertes en entier par un agent de change ou un banquier; mais elles sont d'abord en petit nombre, et ensuite le commerce de ces messieurs, dépourvu de l'élégance ancienne et du parfait bon ton des manières, fait trop sentir à ces femmes généralement fières et ombrageuses la dépendance vénale où elles languissent. La fidélité n'étant de leur part qu'une affaire de calcul où le cœur n'entre pour rien, elles cèdent aisément, l'occasion aidant, devant un caprice ou une vanité : et puis ces femmes haïssent généralement l'homme qui les paye ; elles se sentent humiliées devant ses bienfaits onéreux comme devant les chaînes dorées d'un maître ; elles se donnent un beau jour pour ne pas toujours recevoir. C'est ce don imprudent qui amène souvent leur ruine. Pour d'autres la rente de l'entreteneur est le prix de services odieux et repoussants que tout l'or du monde ne saurait jamais compenser. Nous voulons parler de ces femmes réduites à souffrir les caresses et les attouchements d'un vieillard. Elles s'en dédommagent, dira-t-on, sur des jeunes gens qu'elles entretiennent à leur tour ; mais quel dédommagement peut-il y avoir à un supplice qui ruine sourdement leur jeunesse, leur fraîcheur, tout jusqu'à leur santé, et qui ne leur permet plus ensuite aucune estime d'elles-mêmes !

Mais nous le répétons, il n'y a plus guère aujourd'hui de femmes entretenues, c'est-à-dire de filles somptueuses et prodigues, vivant à la charge d'un seul homme qui la défraye entièrement de ses dépenses ; il n'y a plus que des femmes galantes.

On peut diviser les femmes galantes en deux

classes bien distinctes : celles de la première classe sont des filles entretenues qui, indépendamment de la rente que leur fait l'entreteneur, demandent aux libéralités passagères des autres hommes un supplément d'aisance. Quelques-unes d'entre elles ont reçu une éducation soignée; le bon goût de leur toilette, la fraîcheur exquise de leurs manières, l'esprit tout à la fois fin et hardi de leur conversation, seraient souvent de nature à exciter l'amour, si l'on ne devinait sous leurs agaceries le serpent froid et perfide de la cupidité. Ces sortes de femmes ont pour la plupart un ameublement plein d'élégance. La position heureuse, du moins en apparence, de ces ouvrières du vice est souvent un sujet d'envie et de tentation pour les jeunes filles honnêtes qui gagnent péniblement leur vie. Il est pourtant vrai de dire que les premières n'ont pas tous les avantages qu'on leur suppose; outre la domination des hommes sous lesquelles vivent ces courtisanes, elles ont dans leur conscience un tyran dur et morose qui leur interdit toute satisfaction. Leur vie n'est guère qu'une ivresse laborieuse : un malaise vague, une inquiétude sourde les travaillent constamment; l'ennui devient leur élément, comme celui de tous les êtres intelligents qui essayent de vivre en dehors des lois morales. Et puis cette ère de faste et d'éclat passe bien vite avec la jeunesse; comme l'économie est le moindre défaut des femmes galantes, généralement assez prêteuses, leur prospérité décroît avec l'âge. Aux prodigalité fiévreuses de leur beau temps succèdent, au bout de quelques années, des habitudes plus modestes. A l'âge où les femmes, pour me servir du langage des botanistes, commencent *à passer fleur*, nos courtisanes songent à vivre maritalement avec quelque jeune homme aisé; mais elles n'y parviennent pas toujours. Celles qui ne peuvent y réussir tombent peu à peu dans un isolement funeste. Tout change brusquement de face; chez elles leur ameublement et leur toilette offrent aux yeux, sous une forme sensible, l'image d'une première vie bouleversée; un vase à fleurs dépareillé figure sur leur secrétaire à côté d'un morne pot à l'eau en faïence; leur robe du matin est une vieille robe de bal, décolletée outre mesure, qui a perdu sa fraîcheur; tout dans leur ménage annonce en un mot une ancienne prospérité en ruines. Les malheureuses s'abîment alors dans un désenchantement infini.

Si un peu d'amour ne vient pas, comme nous l'avons dit, réchauffer les cendres de cette vieillesse précoce, vieillesse de trente-sept ou quarante ans tout au plus, ces pauvres femmes offrent au moral le plus désolant tableau qu'on puisse imaginer. Encore sont-elles obligées quelquefois d'apprendre tardivement un état pour vivre et de demander à l'aiguille un gain chétif, mal en rapport avec les habitudes de désordre et de laisser-aller qu'elles ont contractées dans la débauche.

Quant aux femmes galantes du second étage, elles ne s'attachent même pas à un amant en titre; elles sont bien encore entretenues si l'on veut, mais par plusieurs hommes à la fois. Leur industrie consiste donc à chercher mille moyens de se produire : ce sont elles qu'on rencontre dans les jardins publics, assises à l'écart, avec une chaise vide à leurs côtés, aux concerts, aux bals publics, aux théâtres et jusque dans les églises, car les femmes galantes se piquent de dévotion. D'autres parmi elles sont actrices, mais actrices pour la forme; le théâtre n'est dans leurs intentions qu'un cadre favorable à leur figure, et la scène une exposition publique de leurs charmes. La vie de ces femmes galantes, connues tout dernièrement sous le nom de lorettes, sans doute à cause de leur pieux voisinage, n'a encore rien de commun avec celui des filles publiques qu'elles affectent hautement de mépriser. Leurs faveurs, quoique ordinairement vénales, sont encore libres et spontanées. Quand un homme leur déplaît, elles se réservent la consolation de le refuser ; quoique l'argent soit en général pour elles le but de leurs concessions, elles se livrent, suivant que le cœur leur en dit, pour un dîner, pour une partie au bois ou au chemin de fer, pour un léger cadeau. Elles ne s'affichent pas ouvertement dans la rue : à peine si quelques regards en coulisse, une tournure fringante, un mouvement particulier de la croupe, une manière à elles de draper le châle ou le mantelet les décèlent aux yeux exercés. Ces pauvres lorettes, dans leur vie errante et nomade, regrettent amèrement le beau temps des femmes entretenues : ce commerce multiple et fugitif ne leur rapporte en effet qu'une existence incertaine ; « eau qui coule n'amasse point de mousse. » En fait d'entreteneurs ou d'amants, ce n'est point le nombre qui importe, mais la qualité : mieux vaut généralement un que plusieurs. Aussi le sort de ces femmes galantes est-il généralement misérable : pour une ou deux qui, à force d'esprit, d'adresse ou de beauté, se soutiennent dans l'aisance, il y en a vingt autres qui courent les rues de Paris avec des chapeaux flétris, des talons de soulier éculés, des robes consternées et des gants qui montrent le jour des doigts. Toutefois la misère apparente, la misère des vêtements n'est pas celle qui appartient généralement à la femme galante ; c'est une seconde misère plus cachée, plus intérieure, plus dévorante, misère dorée qui recouvre souvent les dures privations du nécessaire et les souffrances de la faim. Telle passe dans la rue enviée des mendiantes en haillons à cause de son manchon, de son chapeau à plumes et de son mantelet de satin noir, qui porte au fond du cœur le souci rongeur du lendemain et la sombre perspective de l'hôpital.

Quoique la beauté et la jeunesse soient généralement pour ces malheureuses des raisons de succès, il en est pour elles de ces dons de la nature comme du talent pour les artistes : il faut encore que le hasard leur vienne en aide. On en voit de jeunes et de jolies qui meurent de faim sous les toits, tandis qu'à côté d'elles des créatures flasques et grêlées s'engraissent sourdement des largesses d'un vieux célibataire dans un salon opulent et fermé de rideaux.

Comme les *conquêtes* que les femmes galantes font ainsi en courant et par hasard ne suffisent pas toujours au nécessaire de la vie, elles éprouvent bientôt le besoin de s'attacher à l'une de ces maisons clandestines nommées *maisons à parties* où, sous prétexte de soirées, de bals ou de concerts, les hommes vont passer le temps.

Les femmes à parties sont en quelque sorte des femmes galantes en maison; elles font l'amour, poste restante, dans ces salons équivoques de la Chaussée-d'Antin où l'on invite les jeunes gens à des soirées. L'un de mes amis, ex-directeur d'un grand théâtre, reçut un jour un billet signé de Madame ***, demeurant rue Saint-Georges. Croyant qu'il s'agissait d'une affaire relative à l'ordre de ses travaux, il se rendit chez elle : Madame *** était une femme minaudière et coquette, quoique déjà sur le retour ; elle l'introduisit discrètement dans la pièce la plus reculée de l'appartement, et prenant alors un ton moitié patelin, moitié affectueux, elle lui demanda si la vie solitaire qu'il menait ne commençait pas à le lasser, et s'il n'éprouverait pas le besoin de faire une *connaissance honnête.* — C'était la maîtresse d'une maison à parties.

La grande passion des filles à parties n'est pas l'amour, c'est le jeu. Les malheureuses qui hantent ces maisons secrètes prennent les cartes vers neuf heures du soir, et ne les quittent qu'après minuit. La fumée des lampes ternit la fraîcheur de leur teint, et les émotions de la chance plus ou moins heureuse amènent ou éloignent sur leurs lèvres un sourire métallique. Quand le jeu leur manque, elles ont recours au joueur; celui-ci se retire discrètement après minuit, et va achever la partie sur un autre théâtre. Aux crises du jeu succèdent les travaux et les sombres convulsions du vice. Les malheureuses réparent les pertes d'argent de la soirée par d'autres pertes non moins désastreuses, celles de leur honneur et de leur santé. Un fantôme de passion éteinte, une dernière étincelle galvanique, crispe leurs doigts, ride leurs fronts, et imprime à leurs lèvres mortes des contorsions fatales. Un matérialisme abject flétrit ces relations où l'ame n'entre pour rien. L'homme et la femme, unis par hasard dans un commerce tout sensuel, ne font que pétrir et tourmenter sous leurs doigts avides le cadavre de l'amour.

Sans cesse inquiète, mobile, fiévreuse, intermittente, toute la vie de ces femmes est, comme leur soirée, un jeu de hasard. Un mouvement éternel de prospérités et d'adversités subites dérange à chaque instant leur fortune, leur toilette, leur intérieur. On voit paraître et disparaître sur leurs doigts, aux oreilles, autour du cou, des bijoux d'un jour qui passent le lendemain dans la main des juifs. Il n'est pas rare que leur toilette varie plusieurs fois en une semaine, tantôt ordinaire, tantôt somptueuse, tantôt misérable. Cette incertitude, qui dérange à chaque instant les aspects de leur vie comme les flots d'une mer agitée, les empêche en outre de revenir au bien. Au milieu de cette existence mouvante et dissipée, elles n'ont ni le temps, ni l'occasion, ni la force de se fixer sur une résolution sérieuse. Elles laissent aller le temps, comme elles disent, et le temps les emporte avec lui vers une vieillesse pleine de remords et de misères. Sans famille, sans soutien, sans amour, ces malheureuses traversent la vie comme des nuages stériles, au soufle aveugle du vent qui les disperse çà et là.

Cette industrie illicite ne profite qu'aux maîtresses de maisons à parties, sortes d'exploiteuses remarquables en général par leur embonpoint. Ces femmes, au physique comme au moral, sont des plantes grasses qui absorbent autour d'elles la vie des jeunes fleurs écloses dans leur fumier. Il faut d'ailleurs bien se garder de confondre ces maisons à parties avec d'autres maisons de débauche plus foncées, dont il sera parlé dans la suite. La plupart des jeunes filles qui les fréquentent n'y demeurent point; elles n'ont donc à subir de la part des dames tenant maison qu'une dépendance d'intérêt à laquelle il leur est seulement peu loisible de se soustraire. Ces maisons ont leurs habitués; les filles à parties y rencontrent des hommes qu'elles ne rencontreraient point ailleurs. D'après le rapport des fonctionnaires les plus à même de vérifier ces faits scandaleux, de telles maisons auraient même servi plusieurs fois à des femmes du monde, d'un rang et d'un nom illustres, pour y donner des rendez-vous à des hommes indignes d'elles. Mais tirons le rideau sur ces aventures honteuses qui sortent de l'objet de ce livre, et disons un mot d'un autre genre de jeunes filles qui sacrifient au libertinage.

Il nous répugne de ranger dans la classe des femmes entretenues, des femmes galantes, des femmes à parties, les grisettes. La grisette a un état : elle est couturière, brocheuse, blanchisseuse en fin, enlumineuse; elle va en journée ou travaille en chambre. Nichée sous les toits, elle vit de miettes et de chansons comme l'oiseau. Pour *passer le temps,* et comme son gain d'ouvrière ne suffit pas à ses *menus plaisirs*, elle a un amant. Jeune et coquette, elle s'adresse de préférence aux étudiants. La grisette a une mise à elle; on la reconnait à son air papillotant, au ruban de son bonnet, à un pli de son châle : tout le secret de sa toilette est de plaire à peu de frais. Sa figure répond à sa mise : elle est fraîche, coquette et chiffonnée; pas de traits, mais un ensemble avenant et bien troussé qui tient lieu de beauté. Souvent elle charme sous la tuile les ennuis de pauvres jeunes gens enlevés par leurs études à la famille et au pays.

La grisette est la providence de l'étudiant; l'été on la rencontre à la Chaumière ou au Prado avec une robe légère, un châle blanc et un chapeau de paille à fleurs; c'est toujours sa tournure pimpante, son minois retroussé, ses petits airs délibérés, sa fraîcheur de dix-huit ans; elle cause familièrement, entre les contre-danses, avec le premier venu. Dans le commerce de l'étudiant et de ses amis, elle a pris le langage technique de l'école. — Monsieur, disait l'une d'elles à un danseur maladroit qui lui avait heurté la jambe, vous m'avez fait mal au *tibia*. — C'était la femme d'un étudiant en médecine.

Il y en a parmi elles qui s'attachent à un jeune homme : ces sortes de mariages ressemblent assez bien à ceux des Bohémiens; le hasard casse entre les deux parties la cruche et le morceau de pain pour trois ou quatre ans. Celles-ci partagent avec l'étudiant la bonne et la mauvaise fortune; elles l'aident de leurs conseils dans les temps de crise, car elles savent par expérience ou par instinct de femme les mots qui, dans une lettre, font relâcher les cordons serrés de la bourse des pères. Quand le père se montre tout à fait intraitable, elles ont recours à *ma tante*, comme elles disent. L'été elles vont porter au Mont-de-Piété le manteau de l'étudiant, sous prétexte que c'est un meuble inutile qui tient de la place dans la chambre; l'hiver elles engagent la montre, par la raison spécieuse que, les jours étant très courts, on n'a que faire d'un instrument qui marque l'heure.

S'il naît un enfant par mégarde de ces sortes de liaisons, on l'envoie en nourrice. La grisette en prend soin, et travaille à l'aiguille pour acquitter les mois du petit nourrisson, qui fait la joie de sa mère. Comme l'enfant a du sang de lettré dans les veines, il arrive volontiers qu'à dix ou douze ans il entre dans une imprimerie pour gagner son pain.

Quelques-unes sont pleines de dévoûment et de bons conseils. On en a vu qui forçaient leur mari provisoire à se séparer d'elles quand le temps de leurs études était écoulé. — Va-t'en, lui disaient-elles; c'est ton devoir de retourner dans ta famille; il faut songer à te marier. Nous avons passé ensemble de belles années qui ne reviendront plus : tu t'en souviendras quelquefois en pensant à moi. — On voit en effet des jeunes gens prendre dans l'habitude de ces filles un charme dangereux qui les retient à la vie de garçon et d'étudiant.

Toutefois l'état le plus ordinaire à la grisette est l'état libre et nomade. Cette pauvre fille, que l'étudiant aime un peu mieux que son chien et un peu moins que sa pipe, jette follement ses belles années aux bonnes fortunes, aux parties de plaisir et aux liaisons d'un jour. Habituée à être aimée en passant et pour ainsi dire au vol, elle vit au hasard comme l'oiseau, sachant bien que tant qu'elle sera jeune et gentille elle trouvera sur son chemin un nid pour dormir, un morceau de pain à becqueter, et le ciel bleu pour chanter sa chanson.

On ne lui connaît guère de caractère qu'une insouciance enjouée. Ceci se dément pourtant chez plusieurs d'entre elles, qui ont au contraire pour habitude l'ennui et le dégoût. Pour beaucoup même cette joie du visage n'est qu'un masque ; leur cœur est sombre. Elle professent, en général, un grand mépris de la vie. Le fait est qu'elles la dispersent au hasard comme des prodigues qu'elles sont. Quoique coquettes, elles mènent grand train leur jeunesse et leur beauté, qui ne tardent pas à s'épuiser en toutes sortes de folles aventures. Néanmoins la plus grande peine qu'on puisse leur faire, et que certains jeunes gens brutaux ne leur épargnent pas toujours, c'est de les trouver laides. Leurs joues se colorent, dans ce moment-là, d'un rouge de dépit. — C'est un plaisir barbare, en vérité, que vous vous donnez là : vous complimentez tous les jours dans le monde les plus laides femmes en les assurant que vous les trouvez tout à fait belles; que n'en faites-vous autant envers ces pauvres filles qui ont tant besoin de ces égards pour les consoler du reste?

La pauvre grisette a un faible, c'est la friandise ; on l'amène par-là à toutes sortes d'infidélités et de mauvais traits dont elle devient au reste la première victime. Elle accepte du premier venu, et sans trop réfléchir aux suites, un punch, des glaces, un souper, sous prétexte que *ça ne se refuse jamais*. Il arrive souvent qu'elle paie cher ces petits plaisirs par les liaisons malheureuses qu'elle contracte, ou par la perte de ses anciens amants, qu'elle offense. Si par hasard on l'aime, on la bat; sinon l'on se sépare comme l'on s'est connu, d'un côté et de l'autre.

La grisette a ses défauts, mais elle a bon cœur ; quand l'étudiant est triste, elle tâche de se faire plus gentille que de coutume pour lui plaire et pour l'égayer; quand il est malade, elle le soigne. Il est peu d'intérieurs plus touchants que celui de ces pauvres chambres de la rue Saint-Jacques, où l'on trouve pour tout ameublement une table, une chaise et un lit, mais dont la jeunesse et la gaîté font un petit *eldorado*. J'ai vu des hommes graves placés maintenant dans le monde regretter les heureuses années de leurs études, la mansarde où ils avaient ri et souffert à deux, et surtout la femme qu'ils avaient aimée dans ce beau temps de la vie où l'on aime si bien.

Il faut que cette vie, quoique pauvre et dure, ait d'âpres attraits et comme un parfum singulier qui appelle, puisque de belles dames de l'autre côté de l'eau sont souvent venues sous ces humbles mansardes partager pour quelques heures le sort de l'étudiant.

Ce sont là des faits consignés dans les annales secrètes du quartier latin.

Une femme de vingt-trois ans, aristocratiquement pâle, vient de laisser sa voiture aux environs de la rue Dauphine; son petit pied, finement chaussé, se hasarde sur la pointe dans les rues bourbeuses du quartier Saint-Jacques; on la voit glisser discrètement le long des maisons; un long châle dissimule les lignes courbes et ondoyantes de ses formes sveltes; elle disparaît dans une allée.

L'étudiant est à lire ou à fumer dans sa petite chambre quand la jeune dame entre, dépose familièrement son chapeau à plumes sur le lit, défait son cachemire, se débarrasse de la robe étroite qui la prend à la taille, jette en un mot toute cette toilette historiée qui lui pèse, pour prendre le bonnet festonné, la blouse large et le fichu léger de la grisette. Elle trouve un plaisir inconnu à balayer la chambre, à mettre en ordre les livres, les habits et les ustensiles du ménage; ses petites mains blanches font tout cela avec une adresse exquise et une grace charmante, comme si elles n'avaient jamais fait autre chose. Puis elle s'assied sur la chaise à côté de l'étudiant, en regardant, par dessus les toits, les autres mansardes où s'égaient d'autres jeunes gens avec de jeunes folles. Notre grande dame se plalt à ces heures de liberté, de mol abandon et d'amour, qui la reposent de toutes gênes de la société et souvent même des ennuis du mariage. Les deux bras autour du cou de son amant, elle lui prend à la dérobée ces jeunes caresses et ces baisers sans fard qu'on ne retrouve guère dans le monde. Elle partage follement avec lui son déjeuner du matin, mord à son pain blanc et boit à son verre comme une grisette bien apprise qui n'a pas d'autre métier. Seulement la finesse des attaches du poignet, la blancheur des mains, la délicatesse onduleuse du col, la petitesse du pied, la souplesse mignonne du genou, témoignent qu'elle est d'une autre race que les filles du quartier latin. Cette maîtresse reste à côté de son amant durant ces moites heures du jour où le cœur se fond d'amour; ce ne sont que propos charmants, adorable badinage, douces folâtreries, jusqu'à ce que, réveillée en sursaut par la voix de l'horloge, la jeune femme s'en aille reprendre dans son salon l'étiquette morne et les superbes ennuis dus à son rang.

Le bonnet, la blouse, le fichu tombent, et avec eux la joyeuse fille insouciante, pour faire place, hélas! à la *grande dame*.

Ne sois pas envieuse, enfant, de ces duchesses
Qu'on voit étinceler dans un ciel de richesses :
Le corps, mieux éclairé, laisse plus d'ombre au mur;
Le ver se glisse au fruit lorsque le fruit est mûr;
L'ennui s'attache au front le plus blanc, le plus lisse,
Et la fleur a souvent la forme d'un calice.
Veuves avant le soir de leurs plaisirs défunts,
Blondes grappes sans goût et roses sans parfums,
Au bout de leurs désirs, lasse de leur fortune,
Dans leur ciel étoilé froides comme la lune,
Elles ont bien souvent, maudit et souhaité,
O fille, tes amours, oiseau, ta liberté!

Quand mai remplit leur parc de chants et de feuillages,
Quand le fleuve écumant où boivent des villages
Passe sous leur balcon avec sa grande voix,
Quand on entend le son du cor au fond des bois,
Quand le petit oiseau va becquetant la graine,
Elles voudraient sortir, elles ont la migraine;
Leur enfant les ennuie avec sa joue en pleurs;
Elles font fi des champs et n'aiment plus les fleurs;
Le soleil les fatigue en leur appartement;
Leur cœur souffre et languit sous leur beau vêtement;
Rien ne les divertit, ni rien ne les étonne;
Elles ont à dégoût leur mari monotone,
Car malgré leur esprit et leurs jeunes appas
On aime leur argent, on ne les aime pas;
Leur main tient un roman qu'à peine elle feuillette;
A l'heure du dîner elles font leur toilette,
Et descendent s'asseoir, quand on les avertit,
Au festin somptueux où manque l'appétit.
J'aime bien mieux ton sort, ô ma blanche grisette,
Toi qui, le cœur joyeux, au fond de ta disette,
Nichée au bord d'un toit, en la belle saison,
Vis, comme les oiseaux, de miette et de chanson!
J'aime bien mieux au bruit des voix et des navettes,
Ta chambre caquetant comme un nid de fauvettes,
Ton morceau de pain blanc dans ta tasse de lait;
Et ta folle gaîté qui change en beau le laid.
Enfant j'aime bien mieux, tes courses du dimanche,
Ta danse à la Chaumière avec ta robe blanche,
Tes bergers amoureux à l'ombre des berceaux
Et tes beaux jours enfuis sur l'aile des oiseaux;

Bien mieux me plait, hélas ! au fond de ta mansarde,
Où le soleil levant, au matin, se hasarde,
Un des beaux jeunes gens qui, pauvre et sans témoins,
T'aima de tout son cœur quinze grands jours au moins.
Ignorantes beautés, jeunes filles sans voile,
Vous, vous êtes la fleur ; ces femmes sont l'étoile :
Tout entière à l'éclat, au jour, à la splendeur,
L'étoile brille au ciel, mais elle est sans odeur.

Cependant il ne faut flatter personne, pas même les grisettes. Le tableau que nous venons de tracer, vrai si nous prenons les choses en théorie, ne l'est pas toujours autant dans la pratique. Comme toutes les femmes réduites à vivre sur les libéralités de l'homme, quelques unes ne tardent pas à prendre des mœurs qui portent avec elles un caractère de bassesse et de trivialité. Mais ce qui nuit le plus aux grisettes, c'est une race de filles d'étudiants avec lesquelles on les confond, et qui présentent la réunion de tous les vices les plus repoussants chez la femme. Ce sont ces créatures qu'on rencontre par bandes joyeuses, mêlées à des étudiants à moitié ivres, revenant à onze heures du soir, pendant l'été, de la Chaumière ou du Prado. Les uns et les autres remplissent la rue d'Enfer de bruit, d'éclats de rire et de chansons grossières qui dégoûtent par leur obscénité; on distingue confusément dans ces groupes tapageurs des filles, et souvent même des enfants de douze ou treize ans, dont la désinvolture et le cynisme révolteraient, si l'on n'était tout d'abord affligé par l'ignorance de ces malheureuses. Quelques unes mettent à braver les lois de la pudeur une certaine vanité sotte qui annonce bien chez elles sans doute un dépérissement du sens moral; mais qui accuse en même temps une grande et lamentable misère de cœur. Ces pauvres filles ont tout donné au premier venu : il ne leur reste plus qu'une certaine excitation fiévreuse et turbulente, née des vapeurs de l'eau-de-vie. C'est surtout dans les tavernes du quartier latin, autour d'une table où flambe un punch infernal, qu'on distingue à travers un nuage de fumée de tabac ces pauvres créatures à moitié soules; ne leur demandez ni les graces, ni même les délicatesses de la femme; vous n'avez plus sous les yeux qu'un paquet de membres engourdis, quelque chose sans nom et sans mouvement, qui lutte de voracité avec le boa, et qui s'endort comme lui sur les restes dégoûtants de l'orgie.

Ces filles appartiennent à une classe particulière de jeunes gens qu'on nomme les *étudiants d'estaminet;* ceux-ci, en effet, n'étudient guère que le cigare, la bière, le vin chaud et autres ingrédients étrangers au droit et à la médecine. Ce sont ceux dont on s'aperçoit le plus dans le quartier à cause du bruit et des dépenses qu'ils font, de leur costume hétéroclyte, des femmes reconnaissables qu'ils traînent à leur bras, et surtout de leurs rentrées nocturnes, au sortir des bals de la Chaumière ou du Panthéon. Il est pourtant vrai de dire qu'ils sont en petit nombre. Cette vie turbulente et dissipée n'appartient guère qu'aux étudiants de la première année ou à de vieux jeunes gens qui se font un plaisir de débaucher les nouveaux venus. Les étudiants qui étudient sont en majorité, quoiqu'on en dise; ceux-là mènent une conduite rangée; leur chambre, quoique souvent égayée par des visites d'amis et même par de petits soupers, est la plupart du temps solitaire; il ne s'y rencontre que ces trois choses indispensables, une pipe, un livre et une femme.

En dehors de toutes les classifications que nous avons établies, flotte dans notre grande ville une race de femmes indéterminées, non encore inscrites sur les registres de la police, du reste vénales et prêtes à tout, qui exercent sourdement une débauche illimitée; l'administration les qualifie de *filles insoumises*, mais nous réserverons particulièrement cette dénomination pour une race de femmes inférieures et misérables, dont il sera parlé dans la seconde partie de cet ouvrage. Celles dont il est question maintenant soutiennent, avec les produits de leur indigne trafic, une vie orageuse et inégale, sans doute, mais qui a du moins les apparences de l'ordre, souvent même de l'honnêteté. Elles ne manquent pas d'une certaine intelligence cultivée par l'éducation. « Leur langage, rapporte M. Béraud, m'a souvent étonné par sa précision, sa hardiesse et sa logique. J'ai reconnu en plusieurs d'entre elles une sagacité supérieure. Je les plaignais et je regrettais que tant d'esprit et de charmes fussent souillés par le vil commerce auquel elles se livraient, et cela pour un châle, pour une robe, pour un chapeau et autres objets de luxe dont à Paris les filles sont jalouses. » Ces pauvres débauchées sont libres encore; elles n'appartiennent à aucune de ces bergeries immondes où parquent en commun certaines brebis du vice. Le plus effrayant est que quelques unes d'entre elles, encore à la fleur de leur jeunesse, continuent de vivre au sein de leur famille qui ignore leur abominable industrie. Cela s'expliquera à la rigueur, si l'on réfléchit au peu de soin que les ouvriers prennent quelquefois de leurs enfants; occupés tout le jour à de rudes travaux, ils les laissent vaguer au hasard; quand ce sont des filles en âge de gagner leur vie, on leur demande seulement de rapporter à la fin de la semaine un gain suffisant dont elles ont bien soin de dissimuler l'origine.

Si encore ce sacrifice brutal de la pudeur était commandé par des besoins irrésistibles! Mais malheureusement, tel est la faiblesse du sens moral chez ces pauvres filles mal élevées et corrompues de bonne heure par des exemples funestes, qu'elles cèdent souvent en cela aux plus légers entraînements de la coquetterie. Qui croirait que la débauche, cette source amère de honte et d'humiliation sans fin, sorte le plus souvent de la vanité? Rien pourtant n'est plus vrai au monde. C'est par-là que les tente le serpent. Il dit à toutes ces pauvres filles mal vêtues et mal nourries : — Pourquoi donc Dieu vous a-t-il défendu de cueillir ces beaux fruits dorés de l'arbre de la vie? vous n'avez qu'à étendre la main pour les atteindre, et vraiment vous seriez bien sottes de ne point le faire; car alors vous serez semblables à toutes ces belles dames qui vous font tant envie par leur toilette et leurs conquêtes. — Mettre un frein à la coquetterie souvent mal entendue de ces pauvres filles, en leur représentant que les ornements grossiers dont elles se surchargent la plupart du temps sans goût et sans motif n'ajoutent rien à leur figure, serait peut-être une manière adroite de leur épargner bien des maux :

Tu pleures, belle enfant, car aujourd'hui dimanche,
Pour sortir tu n'as pas de collerette blanche
Ni de fins souliers noirs sous tes pieds amollis,
Ni de gants parfumés, ni de châle à long plis;
Enfant regarde-moi les blanches marguerites,
Les jolis boutons d'or, les roses favorites,
Qui sans coquetterie ont de plus doux attraits
Que les femmes de roi peintes sur les portraits;
Et puis, loin d'envier aux autres leur parure,
Enfant, contente-toi sans fard et sans dorure,
D'être sous le ciel bleu belle de ta beauté,
Comme la fleur des champs avec simplicité.

La vanité est un sentiment si naturel à la femme que, combinée avec la misère, elle l'entraîne presque sans peine, l'occasion aidant, à des actes inimaginables. « Il est encore des époques, dit M. Béraud, même périodiques dans l'année, qui deviennent fatales à la vertu d'un grand nombre de jeunes Parisiennes. Aux approches du jour de l'an, de la fête des Rois, des fêtes de la Vierge et des jours consacrés aux saints dont les noms sont devenus ceux de leurs proches sur les fonts baptismaux, de jeunes filles veulent donner des étrennes, faire des cadeaux, offrir de beaux bouquets; elles désirent aussi pour elles-mêmes une robe neuve, un chapeau à la mode, et privées des moyens pécuniaires et indispensables à leur contentement, elles les trouvent en se livrant pendant quelques jours à la prostitution dans les lieux clandestins, ou chez d'indignes amies déjà perdues qui les excitent à la débauche *. » Les pauvres filles rougissent bien ensuite de leur indigne conduite, mais comme Eve après avoir cueilli la pomme fatale, elles rougissent trop tard.

Parmi ces filles plusieurs sont des paysannes fraîches et attrayantes, venues un jour de printemps pour s'engager à Paris dans une maison

* *Les filles publiques*, t. I, 253.

de nouveautés ou pour servir chez des maîtres en qualité de domestiques. Elles ont plu à des hommes riches qui se sont proposés pour les entretenir. Après un petit combat de conscience elles ont cédé à l'appât brillant d'une rente ou d'un cadeau : alors est tombé la jupe de bure, le fichu rouge, les gros bas bleus, et avec tout cela l'innocence. En moins de quinze jours on ne les reconnaît plus, tant la femme est flexible et se prête par sa nature aux métamorphoses. Les mains un peu grosses et rouges, les manières communes ont disparu pour faire place aux airs coquets, aux petits pieds, aux mains effilées et blanches. Il ne faut pas un mois d'apprentissage pour faire une duchesse d'une paysanne, pourvu qu'elle soit jolie.

Ces filles, quoique se livrant à une débauche presque quotidienne, ne subissent encore aucune servitude administrative ; mais le plus souvent elles ne sauvent leur liberté qu'au prix de leur conservation. Les malheureuses, en éloignant de leurs organes secrets les mains indécentes et brutales de la police, multiplient autour d'elles les risques de maladies invétérées qu'elles communiquent, sans le vouloir, à leurs visiteurs. C'est parmi ces filles douteuses que la syphilis étend sourdement ses ravages, comme sur une proie facile et abandonnée. Un autre fléau que ces femmes contribuent à propager largement parmi nous, c'est celui des naissances occultes. « M. de Necker estimait qu'avant 89 le nombre des enfants trouvés, entretenus dans les différents hospices de France, était de 40,000; quatorze ans plus tard, il est porté à 51,000. En 1815, quatre ans après le décret de 1811, qui institue les tours et régularise la législation appliquée à l'admission des enfants trouvés dans les hospices, le nombre s'élève à 67,966; en 1819, il est de 99,346; enfin en 1834, le rapport du ministre de l'intérieur le porte à 129,699! Le budjet des enfants trouvés s'élève alors à près de dix millions *. » Nos hommes d'état frappés de ce mouvement de plus en plus accéléré dans le chiffre des enfants trouvés, n'ont, pas trouvé de meilleur moyen pour l'arrêter que la suppression des tours. C'est-à-dire qu'ils ont essayé de combattre un abus par un autre abus plus grave encore. En voulant diminuer le nombre des naissances naturelles, ils ont ouvert une voie secrète à l'avortement et à l'infanticide.

* *La misère des classes laborieuses*, par Buret.

Si maintenant nous résumons dans notre pensée ce qui a été dit des femmes exerçant diverses industries immorales et clandestines, nous les verrons se diviser naturellement en deux grandes classes, dont l'une se livre au libertinage et l'autre à la débauche.

Dans la première catégorie, nous comprenons certaines femmes parvenues, qui tout en vendant leurs faveurs trouvent néanmoins le moyen de les faire briguer quelque temps par une cour assidue et soumise. Le règne de ces femmes, quoique brillant et de courte durée, ne laisse pas, comme nous l'avons vu, que d'être souvent amer. Ces malheureuses sont reines, comme le peuple est roi, avec le lambeau de pourpre et la couronne d'épines.

Le reste, condamné à un petit métier et pour ainsi dire à un menu détail de ses charmes, exerce sur une échelle inférieure un trafic obscur qui lui rapporte plus de honte que d'argent. L'état de ces malheureuses offre même, sous un rapport, quelque similitude avec celui des ouvrières, sauf pourtant cette différence qu'elles trouvent en elles-mêmes les instruments de leur travail, et que ce travail solitaire, égoïste, clandestin, n'amène pour la société aucune production, ou qui pis est, une production incommode qui retombe à la charge de l'État. On pourrait dire de ces filles, faisant métier de débauche, qu'au point de vue économique ce sont des travailleuses oisives. Ceci seul suffirait à prouver combien l'existence de telles industries est un fait anti social; elles nuisent autant à la masse des intérêts publics que certains priviléges infertiles dont on réclame maintenant de toute part l'abolition.

Au point de vue moral, l'exercice de la débauche à l'encan viole toutes les lois les plus sacrées de la religion et de la dignité humaine. On a prétendu nous attribuer dans ces derniers temps certaines doctrines, dont le moindre inconvénient serait l'absurdité, et qui tendraient, dit-on, à la confusion du bien et du mal. Nous ne savons en vérité ce qu'on veut nous dire. Nous cherchons à expliquer le mal et non à le nier. Comme homme et comme chrétien, nous ne connaissons pas de tableau plus affligeant que celui d'une femme vouée par état à la débauche; sa beauté s'use et se flétrit sous d'ingrates jouissances; l'amour, cette étoile de l'ame, tombée dans le gouffre ténébreux des sens s'y éteint de moment en moment; il y a chez elle un dépérissement de sens moral qui ne tarde pas à finir par un dépérissement de liberté; mais plus le mal est grand, plus il faut en chercher la cause et le remède, au lieu de s'arrêter à une réprobation stérile de ces femmes ou à un blâme plus stérile encore de leurs œuvres. Quant aux moyens proposés pour affranchir les femmes des suites de la débauche, nous devons les repousser comme inutiles et vicieux. Délivrer le sexe le plns faible de tout devoir, serait pour lui le comble du malheur et de l'oppression, car le devoir suppose le droit, et là où le droit cesse, la force brutale commence, c'est-à-dire pour la femme l'asservissement.

DES MOYENS D'AMÉLIORER LE SORT DES FEMMES PROLÉTAIRES.

Une nuit que je passais dans une rue déserte, je vis à la lueur du réverbère une jeune fille de douze ou treize ans, en guenilles, toute pleurante et toute désolée, que sa mère tirait par le bras en la maltraitant; la pauvre fille, à mon approche, eut honte pour sa mère, et lui dit d'une voix brève : — « Cessez; voici quelqu'un qui vient. — Cela m'est bien égal à moi, reprit en jurant la disgracieuse mégère; je n'ai pas peur du monde; tu m'appartiens puisque je te nourris. » — Ce hideux langage est celui de tous les despotismes modernes; tous s'imposent au nom de la faim; tous exigent en retour d'aliments grossiers qu'ils concèdent un abandon absolu et humiliant de toute volonté propre. On pourrait dire avec une entière vérité que généralement dans la société actuelle, l'homme et la femme se vendent à la nourriture.

Pour la femme surtout, être faible et déshérité, cette dépendance du vivre entraîne certains sacrifices qui répugnent à sa nature. Tous les économistes modernes sont d'accord avec nous pour rapporter à la misère, c'est-à-dire à certains besoins physiques mal satisfaits, la principale cause de la débauche des femmes. C'est faute d'une couverture de laine pour s'abriter la nuit contre le froid et souvent d'un morceau de pain à manger, que les trois quarts des jeunes filles s'abandonnent au commerce illicite de leur chair. Il n'est pas rare non plus qu'une jeune femme voyant son enfant malade, son mari sans ouvrage, sa vieille mère infirme, aille chercher dans la débauche un gain sordide que lui refuse provisoirement l'atelier. Tout cela s'est vu et se voit encore tous les jours. — Qu'en conclure raisonnablement, sinon que la liberté proclamée si haut dans nos institutions est, à moins d'une aisance convenable, un mot vide de sens, auquel l'application des faits donne un perpétuel démenti. Sans une existence assurée pour elle et pour sa famille, la femme sera toujours exposée à tomber, l'occasion *et quelque diable aussi la tentant*, dans la débauche, c'est-à-dire dans le plus farouche de tous les esclavages, puisque celui-ci ajoute la honte à la contrainte.

La liberté sans une possession garantie par

les lois, n'est qu'une fiction stérile; pour l'homme c'est le droit de mourir de faim; pour la femme c'est le droit de se vendre, non pas toujours à qui il lui plait. Tant que le prolétariat régnera sur la terre, la femme sera donc esclave; esclave du fait, esclave de l'homme, esclave du vice; la faim sera sa chaine, et la prostitution son carçan. Plus il y a pour elle absence des objets nécessaires à la vie, et plus la servitude qui l'attache aux évènements est profonde, fatale, irrémissible. Nous en avons un exemple bien remarquable dans ces filles dénuées qui, selon le témoignagne des économistes, n'ont plus même la force ni la volonté de repousser les occasions du mal. Le plus grand malheur qu'une femme entretenue puisse craindre, et contre lequel elle lutte dans certains cas par des moyens désespérés, est la perte de son mobilier; car elle sait que cette perte entrainera nécessairement pour elle le sacrifice du peu d'honneur qui lui reste. Une femme *démeublée* tombe à l'instant même du rang de maîtresse ou tout au moins de femme galante qu'elle maintenait à force de soins, dans un état de débauche abjecte, et comme ces filles le disent elles-mêmes, dans le ruisseau. On voit journellement en pareil cas, c'est-à-dire la veille de l'échéance d'un terme ou de tout autre paiement indispensable, ces malheureuses écrire à un banquier connu pour ce genre de libéralités sourdes, et solliciter de lui, au prix d'un affront passager, un secours d'argent qui les sauve d'un affront plus grand encore.)

La misère, ou en d'autres termes l'absence de propriété, étant pour la femme la source la plus abondante de démoralisation, le problème consiste à tarir cette source impure. Or à la misère, un remède bien simple, un seul, le travail.

Toutefois, pour que le travail produise l'effet signalé par nous, il faut qu'il se trouve placé dans certaines conditions. Aujourd'hui, comme nous l'avons vu, loin de neutraliser les causes du mal, il les atténue simplement et les fait même naître en plusieurs cas avec des circonstances particulières. Cela tient à ce que ce travail n'a pas dans l'état actuel des choses les qualités qu'il devrait avoir. Pour qu'il eût réellement vertu de détruire à la fois la débauche vénale et la misère qui en est le principe, il faudrait que le travail fût, comme on dit maintenant, organisé; or cette organisation doit tendre à lui communiquer trois caractères, dont le travail est à cette heure absolument dépourvu et sans lesquels il ne saurait réagir efficacement contre le mal; il faut qu'il soit libre, stable et productif.

Jusqu'ici le travail est esclave : celui du sexe faible et dénué surtout, devait tomber et est tombé en effet sous la verge d'un affreux despotisme industriel. Le monopole dans tout ce qu'il a d'absolu, de dur, de vexatoire, règne sans résistance sur la main-d'œuvre des femmes. Nous voyons l'ouvrière appartenir de fait au patron et à l'atelier, comme la négresse appartient à son maître, comme la femme serve du moyen âge appartenait à la terre, avec les ustensiles et les troupeaux. Les plus indépendantes, celles que des moyens naturels ou le hasard ont plus heureusement servi, sont quelquefois libres envers les entreprises; mais c'est pour retomber avec leur travail sous l'esclavage de la faim, qui les ramène nécessairement à l'esclavage du capital ou à l'esclavage du vice. Ces filles prolétaires sont exactement vis-à-vis des bourgeois dans la même position qu'étaient les filles des vassaux vis-à-vis de leurs suzerains; taillables et corvéables à merci, elles cultivent sans relâche le champ ingrat de l'industrie pour lui faire produire de maigres fruits, sur lesquels le propriétaire des instruments de travail se réserve une dîme exorbitante; heureux encore quand il ne s'arroge pas certains autres droits qui, au moyen âge, souillaient la couche rustique de la pauvre fiancée. De nos jours, la ferme n'est plus la propriété du maître, comme dans l'esclavage antique, ni la propriété de la ferme comme dans le servage qui suivit la barbarie, mais elle est encore la propriété du besoin qui la réduit, dans certains cas, elle et son travail, sous la loi du maître ou sous la loi de l'atelier *.

De notre temps encore le travail est mobile; soumis à mille chances fugaces et variables, il participe à leur incertitude. Or le travail, seule ressource de l'ouvrière, remis chaque jour en question, met également en doute le pain du lendemain. Cette perpétuelle fluctuation réduit alors les malheureuses à la triste nécessité de

* Nous avons montré ailleurs que les chances de servitude étaient les mêmes pour toutes les industries; ce qui est vrai de l'atleier l'est donc également de la boutique, du champ, de la maison, et généralement de toutes les dispensations actuelles du travail.

remplir par le vice les intervalles du travail, quand elles ont usé leurs dernières épargnes. « Certaines industries, dit M. Buret, semblent organisées tout exprès pour faire de la prostitution une nécessité. Ce sont celles qui sont sujettes à des chômages périodiques un peu prolongés, et plus particulièrement, selon M. de Villermé, les manufactures d'apprêt des toiles de coton, qui occupent aux époques de commandes, des jeunes femmes qu'on renvoye aux époques périodiques du repos. Quand la manufacture refuse le travail qui donne le pain, on s'adresse à la prostitution pour l'obtenir. » Nous avons vu au reste que toutes les industries de femmes étaient soumises à ces changements qui laissent dans leur pauvre existence décousue de larges et profondes lacunes, comblées de temps en temps par les œuvres ténébreuses de la débauche.

Enfin le travail maintenant est improductif; c'est surtout pour la femme, comme nous l'avons dit plus haut, que le salaire attaché aux besognes souvent les plus pénibles ou les plus délicates, afflige presque toujours par son insuffisance. « Le salaire moyen des travailleurs qui font le sujet de mes recherches, dit M. de Villermé, est environ de 2 francs pour l'homme, 1 franc pour la femme, 45 centimes pour l'enfant de huit à douze ans, 75 centimes pour celui de treize à seize ans... En général, un homme seul gagne assez pour faire des épargnes; mais c'est à peine si la femme *est assez rétribuée pour subsister*, et si l'enfant au dessous de douze ans gagne sa nourriture *. »

A ces trois vices de l'organisation actuelle du travail, trois remèdes indiqués par le mal lui-même.

Affranchir le travail, tel est le premier moyen de détruire pour l'homme et pour la femme les causes du prolétariat, en détruisant les causes de l'exploitation. Toute autre doctrine, qui aurait pour but d'anéantir les privilèges industriels par des voies de spoliation et de contrainte, doit être repoussée avec horreur, comme immorale d'abord, comme impossible ensuite. Quant à celles qui voudraient seulement déplacer le monopole du travail, de manière à le transporter de quelques uns à la majorité, comme le veulent les socialistes, ou même à tous comme l'entendent les communistes, ce qui serait créer

* *Tableau de l'état physique et moral des ouvriers*, par Villermé, t. I, p. 252.

une nouvelle tyrannie à la place de l'ancienne, nous les rejetons également; le but de la civilisation, pour nous, est que chacun soit à la fois l'auteur et le propriétaire de son travail.

On pourrait dire avec vérité que, de nos jours, le travail, pour la femme surtout, est à créer et à conquérir. Elle ne travaille pas; elle sert. Simple machine aveugle, un peu plus animée et un peu plus libre que son aiguille, elle arrive, au bout de la journée, l'une poussant l'autre, à couvrir de mets la table d'un maître ou d'une maîtresse avare, dont elle ramasse à peine les miettes. Cet état de choses cessera. Le travail, instrument de toute liberté, arrivera finalement à s'émanciper lui-même; nous indiquerons ailleurs les moyens de hâter cet affranchissement; bornons-nous pour le moment à constater que, du jour seul où le travail sera libre, il commencera à exister virtuellement; de ce jour aussi il aura le pouvoir d'éloigner pour la femme les causes de misère et de débauche, qui, dans l'état actuel du prolétariat, la dominent fatalement.

L'esclavage du travail a produit également chez la femme certaines mœurs analogues, toutes de servitude et de bassesse, qui s'effaceront peu à peu avec cet esclavage même, pour faire place à un sentiment plus vif de sa dignité. Elle comprendra alors tout ce que la position parasyte qui lui est faite par le vice a d'humiliant pour elle et de cruellement abject. A la place de la ruse, de la cupidité, de la vengeance que le sentiment d'un droit violé fait entrer peu à peu dans le cœur de l'esclave, et qui, dans l'état actuel des choses, entraîne trop souvent la femme ouvrière à une oisiveté lascive, toutes les nobles vertus nées du travail et de la liberté lui viendront en aide pour repousser les atteintes insidieuses du mal. En un mot, le travail affranchi contribuera à affranchir dans une mesure égale et pour ainsi dire concurremment le moral des travailleuses, de manière à l'élever au dessus du joug de la débauche après l'avoir élevée au dessus de la tyrannie des besoins.

Il faudra, en second lieu, garantir le travail contre ces interruptions et ces inégalités que la tourmente industrielle soulève de nos jours universellement; il serait peut-être besoin pour cela d'une institution bienfaisante. Qui empêcherait l'État d'établir une caisse de secours, laquelle prêterait aux jeunes filles sans ouvrage, pendant ces mortes saisons de l'année où l'aiguille s'arrête tout à coup entre leurs doigts? Ceci leur éviterait de chercher dans la débauche une continuité de salaire que la couture ou toute autre industrie leur refuse. La caisse dont nous parlons aurait pour but d'organiser le crédit; elle prêterait à gages sur la production et sur la moralité des filles laborieuses : car du jour où le travail serait affranchi, il acquerrait une valeur réelle et intrinsèque qu'il deviendrait alors facile de déterminer. On prélèverait ensuite ces légères avances sur le gain des ouvrières quand les travaux auraient repris. Une telle institution, si elle était possible, et elle le serait dans les conditions sociales dont nous parlerons ailleurs, aurait pour effet incontestable de protéger la vertu des jeunes filles contre les chances de ruine qui les menacent, particulièrement dans les temps de chômage et de suspension de salaire.

Enfin, il y aura en dernier lieu à rendre le travail productif. Jusqu'ici le travail est stérile; la France est pauvre; la prospérité publique n'est pas seulement à partager, comme se l'imaginent certains économistes : elle est avant tout à créer. Pour les femmes, comme nous l'avons vu, la main-d'œuvre est particulièrement inféconde. Comment les ouvrières sortiront-elles de cet état? Par trois moyens : la propriété des instruments de travail, l'intelligence et l'association.

Les travailleuses, en effet, étant devenues propriétaires de leurs instruments de travail, ne serviront plus, à titre de machines, les projets de fortune et d'exploitation couvés par quelque industriel ambitieux. Il en résultera que la liberté de fabrication, une fois conquise, la vente s'affranchira nécessairement, dans un temps donné, des entraves que les accapareurs modernes lui imposent. De plus, les ouvrières actuelles manquent généralement des moyens de diriger elles-mêmes leurs industries; elles appartiennent, pour la plupart, à ces générations douloureuses qui n'ont point encore reçu le bien de l'intelligence. Il faut espérer que, dans l'avenir, toutes choses étant modifiées d'ailleurs, l'éducation fournira à ces femmes l'habileté nécessaire pour augmenter les produits de leur travail et pour en étendre le placement. Ajoutons que le sort des ouvrières s'améliorera particulièrement en vertu des efforts individuels, associés ensemble dans un but de production et de richesse. Jusqu'ici les femmes, dans les ateliers, sont bien assemblées, réunies, juxta-posées; mais elles ne sont point associées, pas plus que ne le sont les brebis parquées dans la plaine pour y être tondues ou pour y subir la marque du boucher. L'association suppose des êtres libres et intelligents s'entendant entre eux pour assurer par le concours de leurs forces un bien-être général qui doit se transformer ensuite pour chacun en un bien-être particulier. L'association suppose, de plus, dans toutes les travailleuses, la propriété des éléments du travail : car autrement ces éléments, appartenant à une seule, ou même à plusieurs, constitueraient pour ces femmes un véritable privilége sur les autres femmes, qui, dans un temps donné, prendrait le caractère d'une exploitation véritable.

Les moyens que nous indiquons pour changer le sort des femmes prolétaires n'ont certes rien que de grave et de modéré.

Toutefois, hâtons-nous de le dire, nous ne croyons pas que ces progrès puissent s'accomplir entièrement sous le régime actuel, par la raison toute simple qu'ils se lient à d'autres progrès et à d'autres améliorations que les maîtres de la société où nous vivons repoussent obstinément. Ces réformes sociales ont besoin d'une réforme politique qui leur corresponde et leur donne la liberté de se produire. Cette réforme sera calme ou violente : calme, si les hommes qui représentent aujourd'hui la France comprennent les besoins de la classe laborieuse ; violente, s'ils refusent de les comprendre et de les satisfaire.

Jusqu'ici on avait tenu les questions économiques sous silence ; mais aujourd'hui ce silence s'est trouvé vaincu par la force même des choses : il a fallu parler de la misère et du travail ; les journaux mêmes qui affectaient pour les souffrances de la classe laborieuse un mépris niaisement orgueilleux ont été obligés de descendre dans l'arène d'une discussion où toute la presse les entraînait fatalement. On a beaucoup parlé dans ces derniers temps des ouvriers, mais, par oubli sans doute, on a fort peu parlé jusqu'ici des ouvrières. Si bizarre que soit cette omission, on la comprendra aisément. Rien de très surprenant au fond à ce que nos publicistes, tout en réclamant à si haute voix les droits de l'homme, aient presque toujours oublié les droits de la femme. Il devait en être ainsi. Comme les révolutions ont constamment procédé chez nous par la force, il nous semble naturel que le sexe le plus faible et le plus débile soit resté en arrière dans l'ordre de l'affranchissement.

Nous croyons avoir cependant démontré que les travailleuses forment dans l'État une classe bien distincte, qui a ses besoins, ses souffrances et ses dangers à part : ne point s'occuper de combattre parmi elles le fléau de la misère, qui donne naissance chez la femme à un autre fléau plus cruel encore, c'est vouloir livrer la société entière à une dépravation lente, dont l'effet sera de détruire sourdement et sûrement le peu de vie morale qui reste encore à cette heure dans les consciences défaillantes. Tous les grands législateurs ont eu à cœur de rendre la femme sacrée et vénérable. Moïse avait anobli chez les Juifs les travaux de la maternité en leur promettant la naissance du Messie : c'était dès lors à qui enfanterait le Désiré des nations dans l'œuvre et le recueillement du mariage. Napoléon avait renouvelé la chose en soldat : il récompensait les mères qui satisfaisaient à la consommation dévorante de ses victoires. Comme les anciens Juifs, il respectait surtout dans la femme le moule humain, moule fragile et mystérieux que la débauche détruit quand elle se pratique, comme de nos jours, brutalement, sans relâche et souvent contre les lois de la nature.

Qu'ont fait, de leur côté, pour la femme nos législateurs constitutionnels? — Rien.

On a dit plusieurs fois que les intérêts des travailleurs n'étaient point représentés à la chambre: cela est vrai; mais la chambre représente encore beaucoup moins les intérêts des travailleuses. Sans doute celles-ci ne pourront jamais s'y faire entendre que par des pétitions: mais aujourd'hui qui les appuierait, qui prêterait une voix à leurs plaintes, un accent à leur parole écrite? — Personne. Un stérile ordre du jour couvrirait leurs trop justes réclamations. La régénération du moral des femmes par l'affranchissement et l'organisation du travail, voilà pourtant à notre sens un thème social digne d'occuper des législateurs sérieux. Si la chambre soulève si peu de sympathies vives dans le pays, cela tient à ce qu'elle traite des questions d'amour propre et non des questions de réforme. Il importe peu au peuple, qui ne connaît ni M. Guizot, ni M. Thiers, ni M. Barrot, que le pouvoir soit aux doctrinaires, au centre gauche ou à la gauche dynastique; que nous soyons *à genoux devant les puissances étrangères,* lui qui est debout, mais il importe à tout homme marié qui à des filles, ou qui peut en avoir, que la misère ne les entraîne pas au vice, et le vice à l'infamie.

A quoi servent les représentants actuels du peuple, s'ils n'en représentent pas les misères et les véritables besoins? Au lieu de disputer pendant trois semaines pour savoir si M. Thiers sera *présidant* le conseil ou *président* du conseil, luttes sourdes et honteuses où s'étalent en petit comité les sales nudités de l'amour propre, que ne vont-ils droit aux questions sérieuses, populaires, humaines? Descendez, Messieurs, de ces discussions nuageuses qui apportent si souvent la foudre avec elles; songez aux jeunes gens et aux femmes pauvres; ayez pitié de tous ces misérables qui chôment d'affections. Le cœur a ses vides comme le ventre, et il est aussi horrible de manquer d'amour que de manquer de pain! Avant de porter votre sollicitude sur les lois de septembre ou sur les forts détachés, aidez au mariage, occupez-vous du citoyen, de la famille, de la maison. Soyez sûrs d'ailleurs que c'est là un moyen de tranquillité publique. L'homme qui trouve son ménage ordonné à sa guise, qui est heureux dans ses affections et dans son intérieur, se figure volontiers que l'État, cette autre grande maison, se comporte de même.

Combien de têtes errantes, inquiètes et tumultueuses dont l'agitation tient presque uniquement à la solitude de leur cœur et que vous auriez calmées en leur faisant épouser la société dans une femme !

Cherchez dans la solution de nos grands problèmes économiques, plutôt que dans vos efforts inutiles et odieux pour comprimer les masses, la raison de tout ordre et de toute stabilité. Or un de ces problèmes qui intéressent le plus étroitement l'humanité et que nos gouvernants devraient avoir hâte de soumettre à l'examen des chambres, c'est sans contredit celui de la position des filles ouvrières. Nous engageons celles-ci dans tous les cas à porter devant nos législateurs l'expression écrite de leurs misères. Il faut avoir le courage de frapper aux portes d'airain de la résistance quand bien même on saurait positivement d'avance que ces portes ne doivent point encore s'ouvrir. Les coups que les générations souffrantes donnent à ces obstacles insensibles et sourds finissent par retentir peu à peu jusque dans les entrailles mêmes de l'autorité.

Nous nous engageons, s'il le faut, à rédiger nous-même cette pétition et à l'envoyer, toute chargée de signatures, aux chambres, qui passeront outre, dans l'une de ces froides et nonchalantes séances du samedi, où tant de propositions folles ou sages tombent sans examen dans les oubliettes du Palais-Bourbon. Mais qu'importe? Si les questions repoussées par le dédain de nos législateurs et souvent par un sourire plus offensant encore que le dédain, avaient le courage de se représenter d'année en année, grossies de tous les vœux du pays, escortées de toutes les protestations morales, elles finiraient bien avec le temps par soumettre l'oreille rebelle et indifférente des souverains du jour. Si, au contraire, ceux-ci, entraînés par une folle ambition de résistance ou par un égoïsme plus aveugle encore, s'imaginaient de tenir tête aux instances de l'opinion publique toujours croissante, il leur arriverait, dans l'avenir, ce qui arrive à toutes les royautés, législatives ou autres, qui, pour avoir bravé le progrès, se trouvent un beau jour brisées par lui et déchues.

Quant à ceux qui nous objecteraient que les chambres n'ont rien à débattre dans cette affaire; qu'il faut laisser aller les choses au courant; que chaque homme ou chaque femme doit créer individuellement son sort, nous les tiendrions pour de stupides et odieux disciples d'Adam Smiht, dont les déplorables doctrines aboutissent fatalement à la négation de tout ordre et de tout progrès. Sans doute les efforts individuels sont nécessaires à la marche croissante des améliorations, et les nier serait tomber dans l'erreur des socialistes purs, lesquels sacrifient en tout l'homme ou la femme aux autres hommes et aux autres femmes; mais pour que ces efforts solitaires n'avortent point dans leur tendance, il faut qu'ils se rattachent à un mouvement général et à des institutions publiques qui en favorisent le libre exercice. Nous ne demandons pas que le gouvernement dote dès demain toutes les ouvrières ni qu'il leur fasse des pensions sur la cassette des riches (les fonds de la France, dans l'état actuel, n'y suffiraient pas), mais nous réclamons pour elles un état social où le travail leur assure du moins les éléments de la vie.

L'État, selon nous, ne doit l'aisance à personne; mais il doit à tous les moyens de la conquérir.

Nous ne développerons pas ici les heureuses influences du travail; mais du travail libre et organisé, sur l'état des mœurs, on les devine aisément. Du jour où la femme trouverait dans l'exercice normal de ses facultés une manière de vie honnête et profitable, elle n'irait plus raisonnablement se vendre à ces voluptés honteuses dont elle devient aussitôt l'esclave et la martyre. Si quelques unes, par entraînement et par surprise, tombaient encore dans le mal, elles n'y feraient du moins qu'un séjour de courte durée : dès que l'ivresse des sens aurait cessé, elles retourneraient au travail pour s'y purifier.

Hâtons-nous pourtant de le dire, tout ne sera pas fait quand l'État aura rendu le travail libre, stable et productif : il faudra encore apprendre à l'ouvrière le moyen d'en faire valoir les fruits. Pour cela il sera besoin de développer chez elle deux vertus sans lesquelles l'activité, servie même par des conditions heureuses, ne saurait aboutir à un affranchissement complet : ces deux vertus sont l'économie et la prévoyance.

A ces deux vertus correspondent deux institutions, déjà en vigueur, qui tendent à prendre chaque jour des accroissements infinis : les caisses d'épargnes et les sociétés d'assurances sur la vie.

Les caisses d'épargnes représentent pour l'ouvrière un avenir personnel à l'abri du besoin; les sociétés d'assurances sur la vie représentent quelque chose de plus encore, l'hérédité. La plupart de ces ouvrières ont, comme nous l'avons dit, un enfant né d'un commerce illicite; le plus souvent cet enfant est une fille, qui, pauvre et abandonnée, répète, faute d'héritage, nous l'avons dit, les tribulations et les erreurs de sa mère. Eh bien, une légère somme placée sur la tête de ce petit être voué au hasard finirait, au bout de vingt années, par lui assurer, à la mort de sa mère, une certaine dot qui suffirait à l'établir convenablement. Nous avertissons seulement les ouvrières de choisir toujours parmi ces institutions celles qui, revêtues de l'autorisation royale, ont subi l'examen du conseil d'État, et qui offrent généralement plus de garantiesque les autres, nées des combinaisons solitaires de l'industrie.

Nous attachons la plus haute importance à l'usage intelligent de ces banques d'assurance sur la vie, comme moyen d'émancipation matérielle et morale pour les ouvrières. Il faut en effet se rappeler sans cesse que les progrès sociaux tendant à assurer l'affranchissement définitif d'une classe d'hommes ou de femmes ne sont point l'œuvre d'une seule vie toujours éphémère et bornée, mais bien le travail incessant, mutuel, successif, de deux et souvent de trois générations unies dans le même but, y tendant sans relâche, et finissant par le réaliser à grand'-peine dans l'avenir. Tout individu qui, impatient de jouir, dévore les fruits de son travail à mesure qu'il les voit naître, ressemble à celui qui faucherait sa moisson en herbe ou qui dépouillerait ses arbres avant la maturité. Le travail est une semence de liberté qui a besoin de temps et de soins assidus pour venir à terme. C'est par cette patience que le tiers-état a conquis ses droits dans le gouvernement; c'est encore par elle que la gent prolétaire, mâle et femelle, arrivera à s'affranchir de la féodalité du besoin. Sans doute cette loi de sacrifice et de dévoûment répugne à certaines natures avides, imprévoyantes, égoïstes, qui n'ont d'appétit qu'aux jouissances immédiates; mais ce n'en est pas moins la loi nécessaire de tout progrès et de toute délivrance. Notre devoir est de nous y soumettre avec amour; la société n'est en effet qu'une communion perpétuelle et toujours renouvelée des êtres existants avec ceux qui existeront un jour, de manière à leur préparer par le travail déjà accompli les éléments d'un travail plus grand et en conséquence d'une conquête plus parfaite.

Cette succession d'efforts contribuera à exonérer le travail des femmes de certaines charges trop lourdes, sous le faix desquelles leur nature faible et délicate succombe péniblement. Qui a pu voir sans douleur les épaules des jeunes femmes du peuple injurieusement déformées par la hotte, leurs mains attachées à un ignoble balai de bouleau qui chasse devant lui la boue des rues, leur tête courbée sous de lourdes boîtes de fer-blanc contenant des instruments d'éclairage? La femme, il faut bien le reconnaître, n'est point faite pour certains labeurs : son organisation frêle et chétive se refuse à ces besognes grossières qui réclament évidemment la main des hommes. Si quelques unes s'y livrent, c'est par nécessité et après un violent effort sur elles-mêmes. Dieu, selon la Bible, après la faute de nos premiers parents et leur renvoi du paradis terrestre, condamna, pour les punir, la femme à l'enfantement et l'homme au travail. Ce récit contient à nos yeux un grand enseignement. Les soins de la maternité sont en effet les seuls travaux naturels à la femme : les autres la déforment, la fatiguent et lui répugnent d'autant qu'elle a plus le sentiment de son sexe. Il est rare que des mains jeunes, blanches et bien faites se compromettent volontiers à des besognes de lessive, de cuisine, de lavage de vaisselle et même à certains services d'écurie : ce sont ces emplois contre nature qui finissent par dégoûter entièrement les jeunes filles du travail et par leur inspirer l'idée du vice. Celles qui y résistent par besoin ou par force physique y perdent tous les agréments du sexe et diminuent d'autant par là même les chances qu'elles auraient eues de s'établir maritalement.

Si nous résumons tout ce qui vient d'être dit, nous trouverons que le travail manque présentement des trois conditions sans lesquelles il ne saurait favoriser d'une manière sensible l'affranchissement de la femme : il devrait être libre, et il est esclave; productif, et il est stérile; stable, et il est incertain. Nous avons vu en outre que ces trois qualités du travail une fois conquises, il resterait à en assurer les fruits par l'économie et la prévoyance. Mais le travail encore n'est qu'un moyen; à ce moyen, il y a un but qui est de fonder le mariage pour la femme prolétaire.

On a représenté dans ces derniers temps le mariage comme une institution morte que la société avait traversée pendant quelques siècles, mais dont elle allait bientôt sortir. Nous ne partageons aucunement cette manière de voir. Selon nous, au contraire, la société n'est point encore arrivée au mariage : elle y viendra. Nous ne saurions en effet donner ce nom aux alliances fortuites que nous voyons se contracter journellement sous nos yeux, le plus ordinairement par intérêt, d'autres fois par hasard, rarement par amour. On a même pour habitude de donner le nom de *mariages de convenance* à ces unions inconvenantes, tant elles ont passé dans nos mœurs.

Une fille est jolie, elle a de l'esprit et de la jeunesse; ses parents, peu à l'aise, n'ont cessé, depuis l'âge de quinze ans, de lui représenter le mariage comme une affaire d'intérêt; on lui ménage la connaissance d'un homme d'âge tout à fait insignifiant pour elle, qui ne lui inspire ni haine ni amour; la jeune fille, peu au fait des charges du mariage et n'en prévoyant que les bénéfices, c'est-à-dire une parure, un châle plus ong, des plumes à son chapeau et le droit de s'appeler *madame* devant ses compagnes envieuses, se soumet, les yeux bandés, à la volonté de ses parents.

D'autres fois, c'est une orpheline qui a déjà un amour dans le cœur; elle a lutté pour lui contre les dures nécessités de la vie, mais son courage est à bout. L'âge vient, les réflexions sérieuses la gagnent peu à peu. Un jour, après une longue résistance, l'occasion aidant, elle cède au mariage comme une autre, faute de pain, cèderait au déshonneur. La nuit des noces, elle aborde en victime soumise le lit tombeau de son innocence, et s'étend froidement sous le drap nuptial comme sous un drap mortuaire.

Quelle fidélité voulez-vous raisonnablement exiger pour l'avenir de semblables unions ? La contrainte dans le mariage conduit inévitablement à l'adultère. La femme en veut à cet homme riche qui l'a achetée pour sa jeunesse et sa fraîcheur ; elle en veut à cette fortune humiliante contre laquelle elle a troqué en secret sa virginité.

Quelques femmes, mariées à un homme qu'elles n'aiment point, essaient même souvent de lui résister, mais c'est une lutte sourde et obscure qui finit sous les coups de cravache et les talons de botte, derrière les rideaux de l'alcôve. Qui est coupable ici ou de la jeune fille ayant souscrit à l'autel un *oui* imprudent dont souvent elle ignore toutes les conséquences, ou des parents dénaturés, qui, par un amour cupide de l'or, ont poussé leur enfant à se vendre au plus offrant, contrairement à tous les vœux de son cœur et de sa conscience? Non que la violation des devoirs du mariage ne soit dans tous les cas un crime à nos yeux, crime dont le châtiment retombe d'ailleurs tout entier sur la femme; car en dehors du mariage dont elle se bannit volontairement elle-même par l'adultère, il n'y a plus pour la femme qu'ilotisme et déshonneur : au lieu de supprimer un maître, elle le multiplie; au lieu de parvenir à la liberté par le brisement du lien conjugal, elle s'enfonce, loin de tous devoirs et par conséquent de tous droits, dans le plus sombre et le plus amer de tous les esclavages imaginables. La femme, dans son propre intérêt, doit donc tout faire pour raffermir l'union légitime des sexes, la famille et toutes ces saintes institutions que les secousses de ces derniers temps ont ébranlées sur leur base. Au lieu de nourrir dans sa tête des idées de guerre et de rébellion qui ne peuvent manquer de lui être fatales, puisque les femmes ont contre elles, dans cette lutte, la force physique des hommes, il faut, au contraire, qu'elle se relève par la soumission et la patience. La vraie domination de la femme consiste dans sa beauté, dans sa toute-puissante faiblesse, dans son amour. L'influence qu'elle exerce est toute morale et existe d'autant mieux qu'elle a plus soin de la cacher : elle nous domine en s'humiliant. C'est lorsqu'elle se fait la sœur de charité de nos maux, l'ange gardien de notre vie, que la femme nous gagne peu à peu et malgré nous à ses idées; elle s'élève à la condition de descendre en apparence et de se faire petite, comme le fils de Dieu dans l'étable de Bethléem.

Nous le disons ici et nous le développerons ailleurs : point de liberté pour la femme hors du mariage, de la famille, du toit conjugal; s'en écarter, ce serait vouloir pour elle abandonner tous les progrès accomplis depuis l'origine du monde et recommencer l'esclavage. On frémirait pour le sort de la plus faible moitié du genre humain, à la vue de certaines doctrines dégradantes et fatales qui fermentent dans les bas-fonds de la société actuelle, si l'on n'était rassuré par cette réflexion, qu'il n'est point au pouvoir de l'homme de réaliser le néant. L'abolition du mariage et de la famille serait pour la femme le commencement d'une ère rétrograde qui la ramènerait à une servitude abjecte et à une incalculable misère. Elle redeviendrait ce qu'elle fut avant la société, ce qu'est encore la femelle de la brute au fond des solitudes inhabitables : un simple objet à convoitises, une créature quelconque destinée à subir, dans les temps de rut, l'impétuosité du mâle.

Il n'y a au monde que ces deux choses en possession de gouverner les êtres intelligents : la force ou le droit. Or le mariage constitue pour la femme un droit fondé sur le devoir, ce qui la sauve de l'empire brutal de la force et de la tyrannie de la débauche. Nous développerons ailleurs * notre pensée, et nous démontrerons, Dieu aidant, quel pas immense en avant la monogamie marque dans la destinée de la femme. En attendant, remarquons que cette vérité est écrite dans le langage même des peuples. Chez les Latins, le même mot signifiait à la fois libre, livre et enfant. — La liberté, pour l'homme, c'est le livre; la liberté pour la femme, c'est l'enfant, *liber*.

Le mariage n'est donc point de nos jours à détruire, mais à organiser. Tel qu'il est, il n'offre, comme nous l'avons vu, que des garanties incertaines pour la femme; souvent même il déguise sous des formes honnêtes en apparence un affreux abus de la chair. Or, tant que la société

* Les *Vierges sages*.

ne fournira point aux goûts de la nature le moyen de développer leur choix en toute liberté, l'union des sexes sera traitée comme une affaire : il n'y aura point mariage, mais marché. A tout cela un remède prévu d'avance par tout ce que nous avons dit : c'est que, le travail aidant, tous les hommes et toutes les femmes deviennent, avec le temps, propriétaires. C'est le seul moyen d'affranchir le mariage, en mettant le choix qui le conclut, à l'abri de toute influence inexorable et nécessairement aveugle. Sans doute, ce résultat sera le fruit d'un travail patient, économe successif, mais il ne faut point oublier, encore une fois, que la civilisation est une œuvre lente. Nous ne croyons pas non plus à une propriété égale, qui nivellerait tous les êtres humains aux mêmes besoins et aux mêmes jouissances; mais nous croyons que le travail, affranchi des gênes qui le retiennent présentement dans la misère ou dans le vice, finirait par créer pour tous une prospérité suffisante qui mettrait chacun à même de se déterminer librement dans le cas du mariage. Ce qui retient maintenant les jeunes gens et les jeunes filles de prendre un parti, c'est leur peu de fortune, leur état chancelant et mal défini, leur position douteuse, la crainte de nombreux enfants : autrement, le mariage est un état naturel et raisonnable auquel tendent réciproquement les deux sexes. Un gain honnête, assuré, productif, quelques garanties d'avenir acquises à la famille, la peur du lendemain retranchée du cœur de l'homme et de la femme, donneraient tout de suite à cette union légitime et sociale un grand développement. Or favoriser et étendre le mariage, c'est restreindre et diminuer d'autant la débauche : une femme établie de plus est une fille publique de moins.

Le prolétariat est la source de tous les fléaux qui empêchent de nos jours la famille de se former parmi les classes ouvrières, ou qui la troublent et la ravagent dans le cas où elle réussit par hasard à s'établir. Tant que nous n'aurons point détruit ce principe du mal, ce monstre aux mille têtes, le mariage sera, dans la plupart des cas, une forme vaine, d'un abord difficile et réservé, que nous n'aurons point le droit d'exiger de tous les hommes ni de toutes les femmes, et qui demeurera par conséquent sans action comme sans vigueur sur la société, livrée tout entière à la plus immonde confusion des sexes. Or le prolétariat, comme tous les esclavages, ne se détruit que par la lutte. Le travail, l'éducation, la pensée, la requête obstinée, quoique sévère et calme, des droits politiques, tels sont les armes avec lesquelles nous parviendrons à le vaincre. Courage donc! hommes et femmes, tous sont appelés à cette œuvre laborieuse dont tous également recueilleront les fruits.

Voilà les moyens qui, unis d'ailleurs à une réforme et à certains progrès dans l'ordre politique, nous semblent propres à constituer le bonheur de la femme prolétaire en constituant pour elle le mariage. Il ne suffit pas en effet que des moyens soient bons isolément : il faut encore qu'ils se lient à un ensemble d'institutions radicales et civilisatrices, de manière à former avec elles une chaîne indissoluble. L'esprit démocratique, qui seul comprend la souffrance et le désordre des classes prolétaires, pourrait seul les aider à en sortir par des voies de plus en plus ouvertes à l'intelligence et à la liberté. Il est au contraire aisé de voir, au langage outrecuidant et sec que tiennent certains écrivains de la cour, lorsqu'ils parlent des ouvriers instruits et des jeunes filles du peuple séduites *, combien il y a de leur part ignorance

* Voir le feuilleton du *Journal des débats* du 23 nov.

du mal et stérilité de cœur pour y apporter remède. Ces gens-là vivent sur un passé détruit, sur la mauvaise foi, sur l'exception; entre le riche qui achète et la pauvre fille qui se vend, ils n'ont d'excuse que pour le riche : s'il y a une faute, elle est toute à leurs yeux dans la complaisance de l'être faible ; du besoin, de la misère, de toutes les circonstances extrêmes qui poussent une malheureuse au vice, ils n'en tiennent aucun compte, eux qui n'ont jamais eu faim ! — Mais détournons nos yeux de ces doctrines dégoûtantes, qui ne sont même point des doctrines, où l'on voit tout au plus les efforts impuissants de l'égoïsme et de la peur cherchant à créer un fantôme de raison pour leurs impardonnables jouissances.

L'auteur qui écrit ces lignes sort de cette masse patiente, ténébreuse et pauvre qui s'agite depuis des siècles pour se faire dans l'État un peu de place et de lumière. Il en a gardé une grande compassion pour les maux de ses frères; il voudrait verser un peu d'huile pour rallumer la lampe éteinte aux mains des vierges folles; il voudrait secouer un coin de la nappe des riches pour en faire tomber quelques miettes sur la bouche affamée de Lazare; il voudrait, non par des moyens violents et spoliateurs, ce qui serait déplacer la misère sans la détruire, mais par le travail aidé de certaines franchises, amener l'homme et la femme du peuple à un état convenable qui, en les soustrayant au besoin, leur permît la vertu et le mariage. Il n'a point demandé à je ne sais quelles théories nuageuses de palingénésie biblique, mais bien à de très simples doctrines d'économie sociale, les moyens de cette amélioration; il n'a point prétendu transformer la femme en un homme, ce qui serait fâcheux pour elle, ni en une sorte d'être hermaphrodite, ce qui serait impossible; il a voulu uniquement lui indiquer les progrès qu'il croit réalisables, et l'engager de toutes ses forces à les accomplir.

Tous les progrès dans le monde ne sont qu'au prix de ce travail continu de l'esprit et du corps; il ne faut point s'en affliger : c'est la loi de l'humanité, c'est la loi de Dieu même; la Bible, dès l'ouverture de la Genèse, nous représente en effet Jéhova comme un ouvrier : « *In principio creabat Deus cœlum et terram.* Au commencement Dieu travaillait le ciel et la terre. » Il faut nous associer à ce travail en créant par nos efforts un monde industriellement et socialement meilleur que celui où nous habitons ; la femme est appelée à avoir sa part dans cette œuvre.

FIN.

www.ingramcontent.com/pod-product-compliance
Ingram Content Group UK Ltd.
Pitfield, Milton Keynes, MK11 3LW, UK
UKHW020335230726
13925UKWH00002B/807